湛庐CHEERS

与最聪明的人共同进化

HERE COMES EVERYBODY

为什么只为某些人所拥有

WHY SOME PEOPLE HAVE IT AND OTHERS DON'T

权力

[美]杰弗瑞·菲佛（Jeffrey Pfeffer）著
杨洋 译 郑晓明 审校

POWER

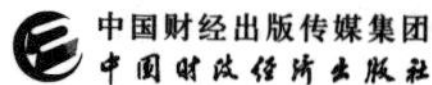

你懂得如何“争”权力，而不是“等”权力吗？

扫码激活这本书
获取你的专属福利

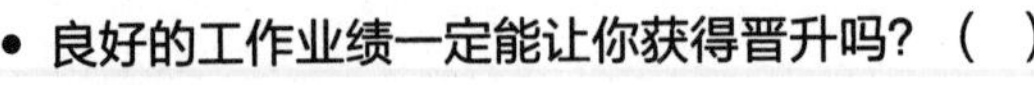

- 良好的工作业绩一定能让你获得晋升吗？（　）

  A. 一定

  B. 不一定

- 人们对你的支持，完全取决于你的魅力和能力吗？（　）

  A. 完全

  B. 不完全

扫码获取全部测试题及答案，
一起了解如何争取权力

- 假设你刚到公司，有两个工位可选，一个是大房间的角落，另一个是合伙人办公室的门口，为了在公司获得更多的晋升机会，你应该选哪个？（　）

  A. 角落

  B. 合伙人办公室门口

扫描左侧二维码查看本书更多测试题

用全新的视角和思考方式看待权力

郑晓明

清华大学经济管理学院领导力与组织管理系长聘教授

权力是一个亘古不变的话题。《权力》一书是由斯坦福大学商学院著名组织行为学教授杰弗瑞·菲佛所著的一本权威指南，它提供丰富的理论和实践经验，帮助读者深入了解权力的本质和影响，并在组织和社交系统中取得成功。此书主要包括四部分“每个人都可以拥有权力”“权力路线图”“权力保卫战”“踏上你的权力之旅”，通过来自商界的案例，详细地为我们指明了通往权力的道路。

文章伊始，作者就开宗明义地提出权力是“争”来的，而不是“等”来的。职场中的传统观念是“枪打出头鸟”，多数人会默默做事，天真地认为自己所做之事会被老板所注意和重视，自身的工作业绩是取得权力的必要保障。然而，作者提醒读者要认识到残酷事实，出色的业绩也许不能帮助自己取得职场丰厚的回报，在不完全公平的现实世界里，要想生存且获得成功需要策略性行为。因此，扩张权力和运用权术是非常有效的生存技能。事实上，出色的业绩与取得权力之间因果关联更像是组织情境下的“休谟问题”，寄希望于通过出色的业绩获得权力不过是一种盼望和信心，而不是理性事实。出色的业绩无法确保晋升，更不能自发地带来权力。作者提出本章的核心观点，即“你的领导对你的承诺以及你们之间的关系，通常比工作绩效更关键”。在组织中一旦处于被忽视的状态，个体很难通过业绩取得令人满意的晋升，这就需要通过提升“曝光效应”确保公司领导掌握你的工作全貌，主动地向领导汇报工作进展、难点和对策。更重要的是，要探明领导如何看待你所做事情的意义，并听取其意见采取行动，这一过程就是作者所提倡的“比语言更有效的恭维”，因为这种恭维可以提升领导的自我感受，促使领导感觉到你和他们很相似。总而言之，别人记住了你，就等于选择了你。

作者向读者展示如何获得权力。首先，权力大小通常与职业平台高低紧密相连，并非所有的职业平台都有同等价值，选择高起点职业平台对个体获取权力具有极大帮助。因此，作者提出应学会观察职业平台的高度，如对比相对薪酬，办公室位置和设施寻找出最具实权的部门。

其次，权力“马太效应”会导致个体资源螺旋式增长，继而衍生更多数量的资源。作者提示读者应靠近和选择拥有高附加价值的职业平台，高附加价值意味个体有机会控制更多数量的物质资源、预算资源和人力资源。毕竟，个人权力通常发轫于自身所在的职业平台，以及所处职位所天然具有的资源控制力。因此，个体获得对组织各种资源的掌控，是通向权力之路的关键一步，当个体一旦拥有雄厚的组织资源，维护权力本质就是资源自我强化、增值和衍生的过程。再次，通过发展人际关系助力获得权力。个体要学会诊断人际关系结构，通过有效开发社会资本为自己的职业生涯注入动力。事实上，人际关系与权力具有相互强化的动态性，一方面，良好人际关系使得个体崭露头角、脱颖而出，权力和地位也伴随而来；另一方面，当权力和地位处于高位时，维护人际关系也较为游刃有余、得心应手。作者指出最佳关系策略是“认识大量来自各行各业的人”，但这并不意味着漫无目的“广撒网”，而是有策略性地开展人际关系活动，就像作者所说“人际关系需要的不是时间，而是规划”，努力跳出自身的舒适圈，鼓足勇气与背景更为广泛的人物建立社会关系。

最后，学会“权力表演”帮助你驾驭权力。“权力表演”旨在向外界宣誓“权力主权”，从而逐步扩大自身的感召、影响和跟随。“权力表演”需要个体表现出充沛的信心，通过愤怒情绪、夸张肢体语言来刺激听众的感官，调动听众的兴趣，甚至适时打断别人的讲话来彰显自身的权力高位。

通向权力的道路并非一帆风顺，面对不可避免的障碍和命运的考验，作者对于如何打响“权力保卫战”提出思考。读者应采用更加积极的态度对待冲突，正如文中所说“冲突只是为人们提供接受教育的机会”，面对来自不同分歧和意见，逃避才是最不负责的做法。掌权者要掌握应对冲突的金科玉律，如学会化解对抗，善待对手，给足“面子”，将敌人转变为盟友；不要制造不必要的麻烦，养成情绪控制力，避免消极情绪影响战略性思考的能力，这需要高度自律和成熟情感。

作者强调，人们总是希望能与获胜者沾亲带故，当你遭遇挫折时，吸引别人帮助你的最佳策略是，你要表现出你是最后的胜利者。这并非在争取他人帮助的时候隐瞒事情真相，而是意味着你要表现出过人的韧性，让盟友相信帮助你的努力不会付之流水。在某种意义上讲，表现出获得成功的能力是一种自我实现的预言。

尽管权力的魔力令人着迷，但是作者告诫读者，权力存在潜在负面效应，掌权者必须为权力支付成本。譬如，处于“聚光灯”中心位置的掌权者不得不承担盛名之下的压力，逐步变得墨守成规，惧怕创新，甚至将有限的资源置于形象管理上；抑或是为了避免失败，滋生保守情绪，惧怕创新，弱化对外部环境的敏感性和警觉性。

在本书的最后，作者鼓励读者大胆追求权力，让权力成为生命中不可缺少的一部分。由于个体身处一个等级无处不在的社会，拥有职场政治技巧的人更有可能成为“优胜者”，人们不得不卷入竞争来博得更高的职位。作者提供了权力与等级结构具有关联性的两个事实：其一，权力地位可以实现“情境”移植，实现权力扩张。实践经验告诉读者，如果你有足够的智慧在一个高度竞争领域中获得成功，也完全能胜任其他领域，即个体从某个高级职位中获得权威和权力，可以扩展至其他领域并获得权力和地位。其二，人们喜欢由于权力带来的等级关系或地位差异。权力不可能消除，其基础根植于人们所期望的社会等级秩序中，加之组织中等级结构是客观存在的，总有一部分人希望处于权力高位，以便享受其带来的荣耀。如何让权力成为生命中不可缺少的一部分，作者认为首先任务是对自己的长处、弱点和偏好足够诚实，从众行为是获取权力道路上的一种障碍。其次，要对现有工作及其风险和机遇有客观的认识，在错误的时间和错误的地点会掩盖自身的天资和才干。最后，要摆脱“公平假设”的幻想，正如书中开篇所讲，世界并非公平公正，探索权力之路要秉持现实主义的态度，不要总是期待公正，不要期待企业文化、老板、职场政治会朝着预期发展。既然职场政治无处不在，那就照顾好自己，通过自我宣誓和为自身利益努力奋斗，最终赢得最后胜利。

总的来说，《权力》一书对于权力领域的研究和实践产生深远影响，它提供一种全新的视角和思考方式，权力本身不是糟糕透顶的东西，而是马基雅维利在组织情境下的客观实体。本书也绝不是传授尔虞我诈、暗通款曲的职场“厚黑学”，而是启迪读者如何更加有效的运用权力。

为什么权力只为某些人所拥有

随着中国从最初的农业经济、计划经济与小本生意模式逐渐发展为以大型国际知名企业为特色的现代工业经济，人们成功的决定因素早已不仅仅取决于他们的创业能力与技术能力，而且也取决于他们是否能够在职场政治方面也同样游刃有余。我很高兴本书能够在中国出版。在书中，我将与大家分享重要的社会科学研究成果，以及我 30 多年的组织权力教学经历所得。这些知识可以帮助读者在各种类型以及各行各业的组织中生存下来，并有所作为。

正如书中所讲述的，很多人深信如果自己工作出色、技术超群就一定能获得成功。虽然工作业绩的重要性毋庸置疑，但它却并非实现成功的充分条件——不论在哪个国家都是一样。你必须让其他人注意到你的卓越表现，这就要求你能够适度进行自我推销，并建立自己的声望，哪怕稍稍夸张一些也不为过。你要让权力的拥有者清楚地了解到，你的工作能够给他们带来什么帮助，因为大多数人都会首先考虑自身的利益与需求——你的工作是否涉及他们的利益点。忠诚与富有支持力的表现会得到人们的珍视，这将有助于你争取权力。结盟关系对职业生涯的成功也至关重要，因为人们都倾向于自我感觉良好，所以一个人逢迎赞赏的能力就成为权力的重要来源，并且找到与他人的共同之处，也能够让他们与你站在同一阵营。人与人之间的关系在中国文化中尤其重要，其实社会关系在任何地方都同样重要。因此，建立高效率和高效能的社会网络、社会关系，让这些资源为你提供信息与支持，甚至会成为你职业生涯成功的关键因素。

人们往往会有这样的心理假设，那就是职场政治技能是在一个人的人格中与生俱来的。但它的确只不过是一种技能而已。研究显示，几乎任何技能都可以通过练习与辅导得到提高。如果将天才定义为有着卓越绩效的人，那么从艺术到体育，从文学到科学等各个领域对天才的研究不断显示，虽然个体能力的确有显著差异，但绩效高低最显著的决定因素是经常的练习和有效的辅导，辅导能够让练习更有效，从而带来技能上的高效提高。每个人都能够提高自己的技能，不仅仅是在网球或者高尔夫运动方面的技能，也包括在组织层级中如鱼得水的职场政治能力。

我们必须承认，我们生活在一个充满等级制度的世界里。首席执行官（CEO）只有一位，总理只有一位，国家元首也只有一位。组织结构像是一座金字塔，底层的职位远远多于上层的职位。研究显示，人们的预期寿命和健康状况与他们在组织层级中的位置密切相关——占据高层角色的高地位者比低地位者更健康、寿命更长，即使在排除了基因差异与血压、体重、血液生化等各种生理指标以后，结论也同样如此。无论是等级制度的存在，还是经济和身体健康状况与个体在等级中位置的相关性，这两个事实都意味着，人们必须为了得到关注与获得成功而展开竞争。在本书中，我为读者实现权力目的提供了目前最有用的信息。

我们当前生活的这个时代正在经历着一些重要的社会变革，其中一个最重要的变革，是责任从政府与组织层面向个体层面转移。各种公司与社会组织不断地告诉人们，必须要为自己的职业生涯、健康状况与退休生活负起责任。同时，人员流动性正在以前所未有的速度加快，新的公司与行业不断被创造出来。人们要掌握新的技能，学习新颖的观念，还要努力工作，因为成功掌握在自己手中。在这个时代，成功真正地取决于每个个体的观念以及行为，而人们迫切需要一本指南性书籍以帮助自己学习如何做到这一点。这也正是本书的写作宗旨：为个体提供必要的信息，使他们能够为自己职业生涯的成功真正承担起责任。

在写作与讲授本书内容时令我最感欣慰的，是它的实践性与立竿见影的效果，几个月甚至几周就能见效而不用等上几年。我非常期待听到中国读者借助这些理念不断成功的故事。这些理念能够帮助那些处于困境的人们，思考如何通过获取权力而走上成功之路。

真诚地希望读者能够利用本书中的理念为自己铺就一条成功与权力之路。几十年来，帮助人们获得成功是支持我不断工作与教学的动力。谨以本书将这些独特的理念与中国读者分享，对此我深感荣幸。

Jeffrey Pfeffer

|附中文版序英文原文|

WHY SOME PEOPLE HAVE IT —AND OTHERS DON'T

As China's economy evolves from one primarily founded on agriculture, the government, and very small business to a modern industrial economy of large, internationally significant enterprises, peoples' success will depend more and more not just on their entrepreneurial and technical abilities but on their capability to navigate organizational politics. I am pleased that the publication of this book in China will share important social science research and the insights that come from having taught this material on power in organizations all over the world for more than 30 years with the Chinese people. This is information that can help individuals both survive and succeed in organizations of all types and in all sectors.

As described in the pages that follow, many people believe that if they just do a good job and master the technical aspects of their job, they will be successful. Although job performance is obviously important, it is not the whole story—not in the West nor in other countries, either. People need to notice your outstanding performance—and that requires a modest, or maybe even more than modest, amount of self-promotion and reputation building. People in power need to understand how what you are doing can be helpful to them, as most individuals are concerned first and foremost with their own interests and needs—what's in it for them. People value loyalty and support, help with their own political struggles. Building allies is crucial for career success. People like to feel good about themselves, which is why someone's ability to flatter can be an important source of power, and why finding aspects of similarity help in getting others on your side. Relationships are particularly important in the Chinese culture, but social ties are important everywhere. That's why the ability to build efficient and effective social networks, ties that provide information and support, are critical for career success.

There is often an implicit assumption that political skill is something inherent in a person's personality. But political skill is just that, a skill. Research shows that virtually any skill can be improved through practice and coaching. Studies of genius, defined as outstanding levels of performance, in fields ranging from art to sports to literature to science, consistently reveal that although there are obviously important differences in individual abilities, the biggest determinant of performance is practice coupled with coaching that makes the practice particularly effective in enhancing skill. Everyone can improve—not just their tennis or golf game, but also their ability to thrive in organizational hierarchies.

It is imperative that individuals recognize the fact that we live in a hierarchical world. There is only one CEO, one premier, one governor. Organizations are pyramids, with many more positions at the bottom than at the top. Research shows that life expectancy and health are related to one's position in hierarchies—high status people occupying more senior roles are healthier and live longer than those occupying less exalted positions, even controlling for genetics and various physiological measurements such as blood pressure, body mass index, and blood chemistry. These two facts—the existence of hierarchy and the fact that economic and physical well-being are related to someone's position in that hierarchy—means that it is incumbent on people to be able to compete for attention and success. In *Power*, I provide the best available information to help them do so.

At this time in history, we are living through some important social changes. One of the most important is the devolution of responsibility from governments and organizations to individuals. Companies and even societies increasingly are telling people that they are responsible for their own careers, their own health care, and their own retirement. Meanwhile avenues of mobility are opening up at an unprecedented rate, as new companies and industries get created. People are expected to learn new skills, master new ideas, and work hard because success is in their hands. At such a time, people need guidebooks to help them understand how to succeed in a world in which success is truly up to each individual and what they choose to do. That is what *Power* seeks to accomplish—to provide individuals with the information required to help them take responsibility for their own career success.

One of the most gratifying aspects of writing and teaching this material is that it can be put into practice and its results seen immediately—not years from now, but in months or even weeks. I look forward to hearing the stories of how Chinese people have implemented these ideas for their own betterment. And these are ideas that can help groups that face disadvantage, figure out how to get the power required to become more successful.

It is my sincere hope that readers will use the ideas from *Power* to build for themselves more successful and powerful lives. It is helping people to be more successful that has motivated my work and teaching for decades. And it is a privilege and honor to share these insights with the Chinese people.

Jeffrey Pfeffer

POWER | 目录 |

第二部分

权力路线图

第三部分

权力保卫战

第四部分
踏上你的权力之旅

权力是“争”来的，不是“等”来的

安妮刚刚从商学院毕业，她希望成为高科技初创公司的掌舵者，但是她没有技术背景：她学的是会计专业，既没在高科技行业做过研究项目，也没有这个行业的工作经验。不仅如此，在进入商学院之前，安妮在公共部门做会计。那时她是一名高级会计师，在海外一个小国的某个重要机构工作，而现在，安妮一心想在硅谷发展。尽管如此，安妮仍然能够通过一些非常巧妙的权力游戏来达成她的目标。

在获得权力的过程中，几乎任何事情都有可能发生。如果你掌握了必要的技巧，甚至可以在最不可能的情况下跻身于有实权的人物之列。好的开始是成功的一半，当安妮的同学们参加商学院举办的创业课程时，她已经在工学院选择了一门“创办新企业”的课程。这一举动帮助她获得了更多的谈判筹码。在商学院，工商管理硕士和工程师的比例为 3 ∶ 1，而在工学院，工商管理硕士和工程师的比例为 1 ∶ 4。她解释说，工商管理硕士一般不愿意去工学院的大楼。安妮不仅想获得更多的谈判筹码，而且她想要参加一门和实验室关系更密切的课程。技术开发一般是在实验室中进行，在这里她更有可能碰上一些自己感兴趣的机会。在教授和风险资本家的压力下——工商管理硕士的核心技能之一是制订商业计划，而商业计划由风险资本家评估，安妮不仅完成了学业，而且也拥有了进军高科技行业的谈判筹码。

在参加了大量高科技项目小组的面试后，安妮被一个软件小组录取。这个小组的产品可以改善现有软件性能，而且无须投入大笔资金购置新的硬件设备。由于安妮不懂技术，工程师同事们对她有些不屑，尽管如此，安妮还是加入了这个小组。

在找到了立足点之后，安妮开始非常耐心地让其他组员了解她的价值。这个小组除安妮以外都是男性，他们原本希望面向一个相对较小的目标市场，但这个目标市场已经有了三个较强的竞争对手。安妮用数据向他们说明这个计划的缺陷，但是她仍然按照小组的意愿，就这个目标市场向风险资本家申请资金。结果风险资本家否决了他们的计划。这一事件让小组成员开始认识到安妮的价值，他们觉得安妮可能确实有些能力。通过小组的继续努力，他们最后从一家风险投资公司那里获得了少量的种子资金，这笔资金可以支撑他们开展业务直到夏季结束。安妮是整个小组中文笔最好的人，在组织大家向风险投资公司兜售点子、获得资金的过程中，她起到了领导作用。

安妮在毕业的时候曾被一家大型咨询公司录用。她把这件事告诉了小组里的工程师，让他们知道她曾经有过薪水高得多的工作机会，这样他们就会了解她的价值，也意识到她真的可能会辞职。她还故意让工程师尝试做她擅长的事情，比如进行演示和财务预测，这样他们就能明白这些事情并不像他们想象的那么容易。安妮利用自己的会计和商业专长，为小组审查新公司的公司章程和融资文件。与此同时，安妮收集了大量的外部信息。由于她比工程师们更擅长社交，安妮还在目标市场领域内建立了强大的人际关系网。当夏季结束时，种子资金已经用完，而安妮的外部关系帮助小组获得了新的资金。

安妮不仅拥有业务方面的技能，在职场政治中也同样精明强干。当小组项目结束之后，在他们组建新公司时，有另一个人与安妮竞争 CEO 的职位。安妮告诉小组，如果自己得不到 CEO 的职位，就不会留在新公司。为了表示她是认真的，也为了获得更多的筹码，安妮告诉同事们，或许他们可以开始寻找其他工商管理硕士，以便在她离开后接手她的工作。因为安妮长期以来都和小组成员们一起艰苦奋战，一起分享比萨，一起吃难以咽下的墨西哥食物，小组成员们更愿意和安妮一起共事。最终她成了公司的联合 CEO，并让公司产品获得一只对冲基金的投资。虽然安妮的公司及其产品不一定最终会大获成功，但安妮达成了她的目标，在从商学院毕业不到一年的时间里，她就成了一家前景光明的高科技初创企业的掌舵者。在前进的道路上，安妮克服了起步时的重大阻力，也克服了专业背景的不足。

与安妮相比，你可能拥有与工作相关的才能，也掌握了人际关系技巧，但却因为你不愿或没有能力玩权力游戏，而在一个权力很小的位置上徘徊不前。

你可能拥有与工作相关的才能，也掌握了人际关系技巧，但却因为你不愿或没有能力玩权力游戏，而在一个权力很小的位置上徘徊不前。

贝思在一所著名高校读了本科，然后又从一所同样著名的商学院毕业。那是 20 年前的事了，在我认识她的时候，她刚刚因为新的执行董事上任而离开一家非营利性机构。新老板是这家机构的几个董事会成员的朋友，曾经是贝思的同事。他认为贝思的才能对他是一种威胁，因此愿意支付她一笔丰厚的解职费，让她离开了这家机构。

在获得工商管理硕士学位后，贝思的职业生涯并非一帆风顺，她有过几次失业经历，也有一些让她自己深感满意的就职经历。尽管贝思曾在政府部门（国会山和白宫）担任高级职位，但至今仍未在她选择的领域中谋得一个领导的位置。正如她跟我解释的一样，问题在于她不愿意玩职场政治，或至少是不愿意持续专注、投入精力，甚至是冷酷无情地要职场政治手腕。这些特征却明显地体现在了安妮的故事中。

> 贝思说："这是一个险恶的世界。人们会把别人的工作成果据为己有，而且人们关心的是自己的职业生涯，为此，经常不惜损害他们为之工作的组织。自吹自擂的人往往会得到回报。我的同事们每天来上班，早就计划好了如何保护并扩张自己的地盘。我不愿意如此卑鄙，如此心机重重，或者牺牲自己的信念来获得成功，至少是一般人通常认为的那种成功。"

对于安妮和贝思截然不同的经历，我们可能会习惯性地认为：追逐权力，精通职场政治，这与职业生涯的成功甚至是管理绩效有很大关系。这一看法已经被系统性的实证研究所证实。

一项研究对管理人员的主要动机和他们的事业成功程度进行了调查。第一组经理的主要动机是"关系友好"，他们对赢得别人的喜爱比对完成工作更感兴趣。第二组经理的主要动机是"成就"，即达成自己的目标。第三组经理则主要是对"权力"感兴趣。证据表明，第三组经理，即主要动机是权力的经理，是最有效率的；他们不仅在工作上获得影响力的过程中最有效率，而且在完成工作的过程中也是如此。还有一个例子，佛罗里达州立大学的杰拉德·费里斯（Gerald Ferris）和同事们拟订了包括 18 项职场政治技巧的清单。他们对美国中西部 35 所学校的行政人员以及一家全国性金融服务公司的 474 名分公司经理进行了调查。研究表明，那些掌握了更多职场政治技巧的人获得了更高的绩效评价，他们被评为"更有效率"的领导人。

所以，你需要看清这个现实世界：尽管它并不一定是我们希望的，但它却是实际存在的。在这个世界中生存下来并获得成功可能会非常艰难，而扩张权力和运用权术是非常有用的生存技能。在争夺地位和工作的时候，存在着很多零和竞争。大多数公司都只有一位 CEO，大多数专业服务企业只有一位经营合伙人，每个学区只有一位督学，每届政府也只有一位总理或总统，显然你很清楚这是一种什么样的情况。总是有更多的合适人选在为组织阶梯中的每一个台阶而竞争，这种竞争非常激烈，而且越往上爬，管理职位就越少，竞争也就会越来越激烈。

在为晋升而竞争的时候，对于公平竞争原则，有些人会采取变通的方式，有些人则完全将这个原则抛诸脑后。不要抱怨这种现象，也不必祈祷这个世界会有所不同。在所有类型的组织中，无论大企业还是小公司，无论是公共部门还是私营部门，如果你了解权力的原则，并愿意运用它们，你就可以参与这样的竞争，甚至会在竞争中获胜。你的任务就是认识到：在将要面对的职场政治角逐中，如何才能占据优势呢？本书的目的就是要告诉你这个问题的答案。

● 为什么你需要掌握权力 ●

获得权力并牢牢地掌握权力，可能是一项非常艰难的任务。你需要考虑周到、有策略、有弹性、保持警觉，并在必要时愿意努力争取。正如安妮的故事所体现的，现实世界有时并不友善，也并不公正，在安妮得到她想要的职位之前，她也必须付出努力，展示出耐心和在人际关系上的韧性，并且跟那些一开始并不怎么尊重她的人友好相处。那你为什么不干脆避开权力，放弃雄心，知足常乐呢？

首先，掌握权力跟你是否能活得更久、更健康有关系。迈克尔·马莫特（Michael Marmot）在调查英国公务员的心脏疾病死亡率情况时，注意到了一个有趣的现象：职员的等级或职级越低，死亡风险（根据年龄进行了调整）就越高。当然，这在很多方面跟某个人在组织等级结构中的位置有关系，比如吸烟率、饮食习惯等。然而马莫特和他的同事们发现，在观察到的死亡率差异中，只有大约 1/4 可以用与职级相关的吸烟率、胆固醇、高血压、肥胖和体力活动差异来解释。他们发现，造成差异的重点在于权力和地位，因为权力和地位让人们可以在更大程度上控制他们的工作环境。一些研究项目在开始时测量了对工作的控制程度，比如说决策权和自行处理权，研究发现，这些心理因素与未来五年或更长时期内的发病率和冠心病死亡率具有相关性。事实上，与肥胖、高血压等生理因素相比，工作中所掌握的控制权和人们在组织中的地位与心脏病死亡率关系更大。

拥有权力及相应的控制权可能会延长你的寿命。

这些研究结果应该不会让你感到惊讶。当一个人不能控制自己所处的环境时,他会产生无奈感和压力感,而感觉到有压力或“失控”会损害健康。所以，处在一个权力小、地位低的职位上会危害你的健康，相反，拥有权力及相应的控制权可能会延长你的寿命。

其次，权力及相应的地位和知名度能产生财富。当比尔·克林顿和希拉里·克林顿在 2001 年离开白宫时，他们没有太多的钱，而且还欠下了数百万美元的法律咨询债务。但是由于长期掌握巨大的权力，他们拥有了名望和一个庞大的人际关系网络。在随后的 8 年中，克林顿夫妇赚了 1.09 亿美元，主要来自演讲收入、图书版税收入以及投资收入，而投资机会也是因为他们过去的地位得到的。鲁迪·朱利亚尼（Rudy Giuliani）在他的纽约市市长任期结束后，成了一家证券咨询公司的合伙人。通过这家公司以及他的演讲收入，朱利亚尼的经济状况迅速得到改善。但并非所有的权力都会转化为金钱，马丁·路德·金和圣雄甘地就没有把他们的名望转化为财富，但是这种转化的潜力一直都是存在的。

再次，权力是领导力的一部分，要把事情做好，权力是不可或缺的。无论要做的事情是改革美国医疗制度，是让公司变得更具人性化，还是对社会政策和人类福祉产生影响，都是如此。正如美国前总统林登·约翰逊（任期 1963—1969 年）麾下的健康教育与福利部部长约翰·加德纳（John Cardner）所指出的，权力是领导力的一部分，因此领导者总是会专注于权力。

追求权力是人类的一种基本驱动力。如果你决心追求权力，那么你的行动越是有效，你就会越快乐。

对于很多人而言，即便并非对所有人都是如此，权力都是值得拥有的，这不仅是因为权力可以提供一些东西，也是由于权力本身就是一个目标。心理学家戴维·麦克莱兰（David McClelland）写过关于权力需求的专著。虽然追求权力的动机和获得成就的需要在不同的人身上表现出的强度明显不同，但麦克莱兰认为，追求权力是人类的一种基本驱动力，在多种不同的文化中，你都可以在人们身上发现这种驱动力。如果你决心追求权力，那么你的行动越是有效，你就会越快乐。

要想成功创建通往权力的道路，并有效地运用所学知识，那么首先需要扫清挡在你路上的三大障碍。最首要的两大障碍就是对公平世界的信仰以及人们口耳相传的领导模式，而后者更反映了前者这一颇具误导性的认知。而第三大障碍，就是你自己。

• 不要以为世界是公正的 •

很多人都对自己所在的组织抱有自欺欺人的想法。这是因为人们更愿意相信这个世界是公平公正的，每一个人都会得到他理应得到的东西。既然人们倾向于认为自己理应得到某些东西，他们就会想，只要自己做好工作，举止得当，事情就会水到渠成。而且，每当人们看到有人在进行他们认为不适当的自我夸大或吹嘘时，大多数人都会认为，从他们身上学不到什么东西，因为这些人即使获得了一时的成功，他们最终也会垮台。

“世界是公平公正的”这种信念，会在你获取权力的过程中带来两种负面影响。**首先，它削弱了人们从所有情况中和从所有人身上进行学习的能力，特别是从那些他们不喜欢或不尊重的人和事中学习的能力。**在对领导者们进行培训的过程中，以及在与他们合作共事时，我总是遇到这样的情况：每当出现涉及权力的情况或案例时，人们的第一反应就是，他们是否“喜欢”案例中的这个人，或他们是否认同这个研究对象。谁在乎这些呢？重要的是你可以从所有情况和所有人那里吸取经验和教训，而并非只是那些你喜欢或认同的人和事，尤其不能仅仅是那些和你相似的人。事实上，如果你正处在一个权力不高不低的职位上，并且希望晋升到一个更有权力的位置时，你特别需要注意的就是那些处在这种职位的人。

其次，“世界是公平公正的”这种信念麻痹了人们对建立权力基础的需求。人们相信这个世界是公平的，因而没有注意到所处环境中的各种陷阱，这些陷阱会对他们的职业生涯造成打击。吉姆·沃克（Jim Walker）的案例就是一个典型。

20世纪90年代末，沃克受雇在中国香港建立野村证券的亚洲区经营系统。从很多角度来看，沃克都是非常成功的，他招募了优秀的分析师，打造了一个扁平化的、专注于业绩和经营成果的公司，为公司的研究小组赢得了很高的排名，并增加了利润。虽然沃克是一位很有魅力的领导者，但他不能认同工作环境中的职场政治行为。沃克遭遇了阻碍、对抗和一些挫折，这令他丧失了很多控制权，后来他离开了野村证券。“这次离职的根源在于误解，即沃克误解了野村证券不屈不挠的文化和职场环境。”

“世界是公平公正的”这种信念十分普遍，社会心理学将该现象称为“公正世界假设”，在数十年前，梅尔文·勒纳（Melvin Lerner）第一次描述了这个假设。勒纳认为，人们倾向于认为世界是可以预测和可以理解的，因

此人们有可能对其加以控制。或者像另一位心理学家所描述的：从幼儿时期起，“我们就学会做‘好的和自控能力强’的人”。如果我们认为自己生活在一个随机的、不可控制的世界中，大部分时间我们都会感到挫败和沮丧。我们渴望获得控制感和可预测的结果，这促使我们将世界看作是公平公正的，因为公正的世界是可以理解和可以预见的世界。如果你按规则行事，就会平平安安；不守规则，就会有麻烦。

公正世界假设认为，大多数人都以为“人们会得到他们理应拥有的东西；也就是说，好人会有好报，坏人会受到惩罚。最重要的是，这个现象是逆向发挥作用的：如果有人成功了，那么观察者就会倾向于认为幸运者必定是做了什么事情，让自己值得拥有好运气，这是一种社会心理倾向。仅仅由于人们看到一个人得到了好结果，这个人就突然成了好人”。相反，如果坏事发生在某个人身上，“公正世界假设会导致这样一个结论，即受害者一定是坏人”。这就造成了我们经常可以观察到的“谴责受害者”现象，人们会为罪行受害者或受损企业的不幸找到理由。反过来也是一样，**不管一个人是怎么获得成功的，他的成功都会让人们努力寻找他的优点，以便为他的成功找到理由。**大量的实验和实地考察都证明了公正世界效应的存在。

> 在很多有独创性的研究中，研究者随机选择了一些人，让他们接受电击或其他形式的惩罚，然后再调查观察者对这些人的看法。实验显示，观察者更可能排斥被随机惩罚的那些人，并认为他们缺乏社会价值，即使是观察者知道这些人纯粹是因为偶然因素而遭受惩罚！而且，运气不好的人还受到了侮辱：“人们认为，与没有获得福利性午餐的孩子相比，获得了福利性午餐的孩子能力较差；人们还认为，在驾驶私人飞机的时候，相貌丑陋的大学生比相貌英俊的大学生能力差；人们往往以这样一种态度对待福利受助者：好像他们在管理自己生活的任何方面都不值得信任或者没有能力。”

一旦你认识到了公正世界效应及其对你的看法的影响，并尝试纠正这种倾向，那么你就能在任何情况下都学到更多东西，也能更加警觉、更加主动地努力确保自己获得成功。

• 当心成功人士的说教 •

接下来你需要克服的障碍是领导力文献。大多数由著名高管写作的领导力书籍，以及大多数关于领导力的讲座和课程都应该印上这样的警告："当心，这些文献和资料可能会危害你在组织中的地位。"这是因为领导者会吹嘘自己的职业经历，让其成为可供效仿的模范，而且领导者还常常会掩饰他们用过的权力手腕，而实际上他们正是运用这些手腕登上高位的。与此同时，领导力讲座和课程中充斥着这样的建议：跟着自己真实的感觉走，做到真诚，表达内心的感受，谦虚不出风头，不要恃强凌弱，不要滥用职权等。总之，这些建议是关乎人们希望世界是怎样的，希望有权有势者的举止行为是怎样的。毫无疑问，如果人们总是做到真诚而温和，并且总是关心他人的福祉胜过追求自己的目标，那么世界将是一个更加美好、更加人性化的地方。但是，那样的世界并不存在。作为获取权力的指南，这些建议是有缺陷的。

吉姆·柯林斯在《从优秀到卓越》一书中，描述了把企业带上绩效曲线的"五段"领导者，他称他们"谦虚、安静、含蓄，甚至害羞"，不独享风头，也不独断专行，因此他们能让雇员发挥出最高的水平。而大多数CEO都不是这样的领导者。柯林斯描述的那种领导者相当罕见，也许这正好可以解释为什么只有如此少数的组织能够从优秀变成卓越。当柯林斯开始写书时，那些CEO们已经处在这个职位上了。而当你已经登顶后，在那个职位上获得成功所需要的行为，可能与你在通往顶端的道路上所需要的行为不一样。几乎没有哪个领导者通往权力的路径与那些建议很相像。

大多数领导力书籍和课程中的问题可归纳为以下三个因素。

第一，自我展现。像纽约市前市长鲁迪·朱利亚尼或通用电气前 CEO 杰克·韦尔奇，他们喜欢撰写自传，可能他们以为这是鼓舞人心的表现，甚至是在表现真诚。但是领导者们都非常擅长自我表现，擅长告诉大家一些他们认为大家想听的东西，也擅长偶尔表现得崇高和美好。这种有效地进行自我展现的能力，正是成功者当初获得高级职位的原因之一。

这些故事无论是直接出现在自传中，还是间接出现在领导力书籍的案例中，领导者们都过分强调了自己的正面品质，却避而不谈自己的负面品质和消极行为。

第二，套用一句老话来说：历史是由掌权者写成的。正如我们将在后面的章节谈到的，获取和维护权力的最好方式之一，就是树立正面的形象和声望，在某种程度上，你需要找别人来宣传你的成功和高效形象。

有效地进行自我展现的能力，正是成功者当初获得高级职位的原因之一。

第三，大量研究证据显示，公正世界效应的一个具体表现就是：如果人们知道某人或他们的公司获得了成功，他们几乎就会想当然地认为这个人或公司具有各种正面品质，做出了各种正当行为。这就是虽然按照领导力书籍中的建议行事，也未必会获得成功的原因，但是你一旦成功了，那么很可能人们会选择性地记得并聚焦在那些正面品质上，因为他们相信正是这些品质让你获得了成功。强调“正面”行为的成功故事，有助于让我们相信这个世界是公正的，并让我们看到我们所期望看到的东西，即给成功人士添加了一些我们认为与成功有关的品质，即使他们并不一定真正具备这些品质。

因此不要不加分辨地听从领导者的忠告。他们的建议可能是准确的，但更有可能只是为了自我标榜。人们会歪曲事实。一项研究发现，在 1000

份简历中，有超过 40% 的简历存在着大量不实之词。学历和工作经历是可以被核查到的，如果人们连这些内容都要捏造，那么在更难以发现问题的行为和品格描述中，你还能指望每个人在介绍自己的时候都是完全诚实的吗？

你应该相信的是社会科学的一些研究成果，它们在如何获取、维护并使用权力的问题上提供了建议。你应该相信自己的经验，注意你周围的那些成功者、失败者以及原地踏步者，弄清楚他们之间存在什么差异，他们做的事有什么不同。这是一个帮你掌握诊断技能的好方法。诊断技能是一种非常有用的技能，它可以帮助你成为组织中的幸存者。

• 别让自己成为前进的障碍 •

不管你信不信，获得权力的第三个障碍就是你自己。人们往往是自己最大的敌人，而不仅仅在获取权力的时候才是如此。在某种程度上，这是因为人们喜欢让自己感觉良好，保持一个积极的自我形象。具有讽刺意味的是，维护自尊的最好方式之一就是事先投降，或者是做一些阻挡自己道路的其他事情。

关于“自我设限”（self-handicapping）这一现象，有着大量的研究文献。这种现象的逻辑看上去很简单，人们倾向于对自己和自己的能力感觉良好。很明显，任何失败的经验都有可能令人感到自尊受到伤害。不过，如果人们刻意选择做一些事情，这些事情看似合理地削弱了他们的表现，那么之后如果他们再出现任何不佳表现，就不能解释为他们天生能力不足了。

举例来说，当人们被告知，有个测试可以很准确地诊断他们的智力水平时，一些人会选择不进行练习，或者不去研究有关的材料，从而削弱自己的表现，同时也提供了表现不佳的借口，因此表现不佳就不再是他们天生能力的体现了。同样，如果有人不太积极地追求一个有实权的位置，那么他没有得到这个职位的事实，也就不会反映出他的缺点或失败，而只是一个有意识的选择而已。因此，贝思对“玩权力游戏”的不热衷，其实是在保护她的自尊免遭失败的打击。

有证据显示，自我设限的倾向存在个体差异，它可以用来预测人们会在多大程度上为自己的表现找借口。研究表明，自我设限行为会对之后的工作表现带来负面影响，这一点倒是毫不奇怪。因此，通过在自己的道路上设置外来障碍的方式，我们保护了自我形象，因为这样就可以把所有挫折归咎于我们无法控制的东西，而不是归咎于自己做得不好。在阅读本书的过程中，你需要把自我设限这个概念放在心上，这样你就会用更加开放的心态来看待书中的内容，也更有可能真正地实践你从本书中学到的东西。

自我设限、事先放弃或者不做尝试，这些现象比你以为的更加普遍。有关权力的知识我已经教了几十年，我开始相信，我能起到的最大作用就是让人们尝试去拥有权力。因为人们害怕挫折，害怕他们的自我形象被破坏，所以他们往往没有尽最大努力去获得权力。

因此，你要克服自己这个障碍，克服对自我形象的过分关注，或者是特别在意别人对你的看法。无论如何，其他人不会特别关心或惦记你，他们关注的主要是他们自己。如果你不去尝试获得影响力，你也许能够维护良好的形象，但却无法登上权力的顶峰。

• 你会从本书中学到什么 •

第一，不是所有的组织都有相同的职场政治文化，也不是所有人都千人一面。令人遗憾的是，在我们生活的这个世界中，很多管理方面的建议都是普遍成立的通用准则。而且更令人遗憾的是，大多数管理方面的建议却说得好像是放之四海而皆准的，人们也都在寻找在各种环境都行得通的简单而又通用的公式。实际上，你的行为方式和做事目标，都应该符合具体环境，即组织的状况以及你自己的个人价值观和目标。因此，你需要始终把本书中谈及的理念和例子放在具体背景中进行考虑。

第二，除了受限于某些物理法则之外，我们生活在一个具有无限可能性的世界里。就像没有任何药物在任何时候对任何人都有效一样，基于最新最好的行为研究成果的理念也是一样。例外情况始终存在，有些时候，本书的建议也不能保证一定可以产生良好的效果。但是，只要持续关注行为研究的这些证据及其例子，那么从长期来看，只要机遇来临，你的处境就会得到大大改善。

第三，我们在学习过程中常常过于被动，以至于学习效果有限。只有一个方法可以让你在获取权力和施展影响力时更加有效，这个方法就是实践。因此，你必须尝试使用你所学到的东西，看看它们是如何发挥作用的，而不只是阅读本书并思考一下书中的例子。你需要模仿你所读到的成功者的行为。而书中的技巧可以让获得权力成为你的第二天性，把知识转化为实践就是掌握这种技巧的最好方式。

本书的组成方式，也正是我和我的同事们组织教学课程的方式。书中的大部分讨论都隐含着这样一个想法：你正在为自己创建个人权力之路。书中列举了大量来自政界、商界以及学术界的例子，其中很多人运用书中的原则并获得了一定程度的成功。如果你也能够从中有所启迪，并遵循这些原则，那么，随着时间的推移，你就会晋升到一个完全出乎意料，并令人艳羡的位置上。

Why Some People Have It and Others Don't

第一部分

每个人都可以拥有权力

第 01 章

业绩决定你的权力地位吗

要想获取权力、保持地位，重要的不只是工作业绩，还必须引起别人的注意，并对业绩的评价标准施加影响。此外，你还必须有效地应对掌权者，需要你去提升他们的自尊。

2004年，佛罗里达州迈阿密－戴德县的学校董事会聘请纽约市教育部门前主管鲁迪·克鲁（Rudy Crew）为督学，协助改善一个被预算和教育问题严重困扰的学区。克鲁担任督学期间，该学区入围2006年、2007年和2008年度布罗德城市教育奖（Broad Prize for Urban Education）[①]决赛名单，学区的信用评级得到提升，学生的学业成绩也得到改善，而且还兴建了数以千计的教室以缓解教室紧张问题。为了表彰鲁迪·克鲁的业绩，2008年春，美国学校行政管理者学会授予克鲁“年度最佳督学”称号，克鲁作为一位创新型的学校行政管理者声名远扬。

那么，他获得了什么样的回报呢？2008年9月，在成为美国全国“年度最佳督学”不到6个月之后，迈阿密学校董事会投票决定让他离职，克鲁开始和董事会洽谈他的解职费问题。

业绩出色也无法保住工作职位，如果你认为这样的事只发生在公共教育领域，那你就错了。比尔·克林顿1994年任命肯·凯泽（Ken Kizer）掌管退伍军人健康管理局。凯泽当时面临的是陈旧低效的医疗制度，退伍军人健康管理局在客户人口组成、竞争性的医疗环境以及医疗服务提供方式

① 布罗德城市教育奖创建于2002年，是全美各学区最有分量的教育奖。——译者注

等方面都面临着变化。在短短5年中，凯泽建立了电子医疗记录系统，进行了组织结构调整，并在员工减少20 000名、客户人数从290万增长到350万的情况下，提高了服务效率和质量。此外，凯泽改变了退伍军人健康管理局的组织文化，让它更容易接受变化。《商业周刊》的一期封面故事评价道：凯泽为退伍军人健康管理局成为“全美最好的医疗服务”提供者打下了基础。1999年，由于美国国会激烈反对凯泽连任，凯泽放弃了他的职位。在政治和医疗服务之间把握平衡是困难的，“特别令人扼腕的是，凯泽关闭了退伍军人健康管理局在一些重要国会选区中的医院，这一举措在国会中制造了剑拔弩张的情绪”。

工作绩效和职业生涯成就之间的联系比较薄弱，这种情况不仅仅发生在公共部门。商界中也有数不清的类似案例。

- 也许很少有人还记得，金融巨头摩根大通CEO杰米·戴蒙（Jamie Dimon）曾经因为他的导师和老板桑迪·韦尔（Sandy Weill）的反对，被迫离开了花旗集团。
- 成功的大型家装公司家得宝的创始人阿瑟·布兰克（Arthur Blank）和伯纳德·马库斯（Bernard Marcus），曾在20世纪70年代后期被巧手之家装潢中心（Handy Dan Home Improvement Centers）解雇，因为那里的老板不喜欢他们。
- 在20世纪80年代中期，约翰·斯卡利（John Scully）迫使苹果公司的联合创始人和技术构想家史蒂夫·乔布斯离开了公司。

出色的工作业绩不能保证职业生涯的成功，这种状况不只出现在最高管理层中，也不只发生在美国。在印度，一名营销总监要求CEO正式推荐她进入组织中的“高潜力领导者”名单，名单中的人员会比同等职级的同事的收入高出30%，并且有资格执行更有可能推进职业生涯的任务。在提出这个要求之前，她刚刚扭转了一个品牌的颓势，获得了组织内部的营销奖提名，并在印度的一个知名电影节中赢得了一项广告大奖。尽管业绩表现相当出色，但她的要求还是被拒绝了。

良好的业绩未必能让你保住自己有实权的职位，而表现不佳也不意味着你一定会失去工作。

LECG（LECG Corporation）是一家全球性的专家服务和咨询公司，迈克尔·杰弗瑞（Michael Jeffery）稳坐CEO之位，多年不倒，尽管该公司在他的任期内几乎没有赢利，而且在他宣布自愿辞职前的短短两年之间，公司的股价下跌了80%，跌幅远远超过竞争对手。但他与这家公司的非执行主席之间的关系，他“管理”董事会的能力，以及把公司的问题推到他的前任头上的能力——实际上正是他的前任创建了这家公司，确保了他能在一段时间内稳坐CEO之职。

再看看一家医疗设备公司的CEO，在他管理公司的近10年中，公司股价一直没有上涨，销售额的增长并没有转化为相应的利润增长，高管人员更替频繁，甚至在整个公司内部找不到一个人可以接替他的职位。但他的薪水仍然迅速增长，他的职位也固若金汤，因为他与董事会非执行主席以及董事会的大多数成员关系密切。

记住这个教训

只要让老板高兴了，业绩表现真的不是最重要的。反过来说也是一样，如果你让他们不高兴，出色的业绩表现也救不了你。

人们常犯的最大错误就是，他们以为良好的业绩，即工作成果，足以让他们获得权力，并让他们避开组织中的艰难险阻。因此，人们没有有效地管理自己的职业生涯，很多时候都是听天由命。**如果你想创建一条通向**

权力的道路，你就需要摒弃“业绩本身就已足够”的想法。一旦你理解了为什么会是这样，你将会从中获益匪浅。

重要的不只是业绩

大量的系统性证据显示了工作业绩和职业成就之间的联系。如果你想要制定一个获得权力的明智策略，你就需要知道事实。数据显示，对大多数组织中的大多数人来说，工作业绩并没有那么重要。也就是说，工作业绩的好坏对你在各种绩效考核中的成绩、能否长期保住饭碗，甚至是否有机会获得晋升影响甚微。

20多年以前，社会心理学家大卫·斯库曼（David Schoorman）研究了一个公共部门组织中的354位文职雇员的工作评级。根据这些雇员在被聘用时他们的上司参与情况，斯库曼对雇员进行了分类：在第一种情况下，经理们“继承”了雇员，也就是说，当经理们入职时，雇员已经在那里了。在第二种情况下，经理参与了聘用决定，并赞成聘用被评估的工作候选人。在第三种情况下，经理参与了聘用或晋升的决定，但他的决定被参与最终决策的其他人推翻。在这种情况下，经理们只能管理他们不愿意聘用的雇员。斯库曼问了一个简单而重要的问题：仅仅是上司参与了招聘过程这一因素，是如何影响到之后他对下属的绩效评估的？

你可能已经猜到，那些参与了招聘，并聘用了他们愿意聘用的雇员的经理，其下属在绩效考核中获得的评价，高于被“继承”的雇员或经理最初不愿意聘用的雇员获得的评价。事实上，不论上司是否积极参与了招聘过程，雇员的绩效评估都会受到影响，即使是对工作绩效的客观指标进行统计控制后，情况仍是如此。与上司们愿意聘用的雇员和“继承”的雇员相比，上司对那些他们最初不愿意聘用的雇员的评价最为消极。大卫·斯库曼的研究显示了“行为性承诺”（behavioral commitment）的效果，即一旦对一个潜在求职者产生了积极或消极的判断，这个判断就会歪曲之后的绩效考核。这项研究说明：当你被评估时，你的上司对你的承诺以及他与你之间的关系，比你的工作绩效更重要。

研究者对组织中的晋升进行了广泛调查，包括用职位变化、薪水增长或两者综合来衡量晋升，结果显示，工作业绩对发生在人们身上千差万别的故事来说影响不大。1980 年，经济学家詹姆斯·梅多夫（James Medoff）和凯瑟琳·亚伯拉罕（Katherine Abraham）注意到，**雇员的薪酬与他们的年龄和在组织中任期长短的关系，强于薪酬与工作绩效的关系**。随后的研究证实并扩展了他们的研究结果：这些研究表明，无论是在美国还是在其他地方，情况都是如此。比如，一项研究使用了荷兰飞机制造商福克（Fokker）的数据，结果显示，绩效评级为“优秀”的白领工人，与评价为“良好”的工人相比，白领工人获得晋升的可能性只高出 12%。与此同时，很多研究都显示了（从职业、文凭到种族和性别等）诸多因素对晋升的影响，而业绩对晋升的影响在统计上虽然是存在的，但实质上影响却很小。例如，对来自不同公司的 200 多名员工进行的一项研究发现，经理会综合考虑任期长短、文凭、加班、请假和工作业绩，从而决定雇员在组织内部的流动。对美国联邦公务员的一项研究显示，绩效评级与实际生产率之间的关系很弱，获得了更多文凭的雇员更有可能获得晋升，即使他们并不是最优秀的员工。

当你被评估时，你的上司对你的承诺以及他与你之间的关系，比你的工作绩效更重要。

出色的工作业绩不仅不能保证你获得晋升，甚至有可能对你不利。菲尔和格伦达的案例就是一个典型。

菲尔在金融机构工作，他是一位才华横溢的年轻管理人员，能够在预算内提前完成复杂的信息技术项目。菲尔的老板是银行里的资深高管，他从菲尔的出色表现中获益良多。虽然他很乐意从金钱上奖励菲尔，但当菲尔表示希望调到银行的其他岗位上以丰富自己的工作经验时，这位老板相当直接地回答说："我不会让你走，因为你为我做的工作太好了。"虽然菲尔的老板很愿意扩大菲尔在自己部门内的责任范围，但他绝不愿意菲尔引起别人的注意，以免可能会失去他。

格伦达是一位制造业管理者，她有一种不同寻常的能力：可以和一线员工打成一片。格伦达为她的老板工作了10多年，她在世界各地的工厂之间调动，几乎奇迹般地扭转了一些工厂的局面。老板对格伦达的工作评价是一流的，她也获得了绩效奖金和定期加薪。但是老板没有提拔格伦达，而且她告诉我未来也不会再提拔她了。格伦达找出了问题所在：公司高层认为她在当前位置上极有效率。他们不想失去她在这个位置上发挥的作用，所以没有把她看作是高管人员的"材料"，没有把她当作是更高级职位的候选人。

记住这个教训

出色的业绩可能会困住你，因为老板不想失去你在现有位置上发挥的作用，也因为虽然你在目前职位上很有能力，别人却不一定认为你就是更高级职位的合适候选人。

工作做得好并不能保证你获得晋升或加薪，甚至不能保证你保住现有的工作。大部分关于任期长短的研究都以CEO为研究对象，因为CEO受人关注的程度非常高，而且这个职位的数据也最清晰完整。业绩确实会影响CEO的任期长短以及是否会遭到解雇，但影响也同样很小。一项研究显示，连续三年业绩很差，而且将公司带入破产境地的CEO，只有50%可能会失去工作。糟糕的业绩是否会导致CEO被解雇取决于CEO们的权力。管理者们如果也是公司的所有者，他们就更有可能在业绩不佳时仍然保有权力，一方面是因为其他的所有者权益被分散了，另一方面也有可能是因为董事会成员中有更多向 CEO 汇报工作的执行董事。

一项研究调查了近 450 家公司里的 5 个最高管理层职位，结果发现，与 CEO 职位的人员更替率相比，这些职位的人员更替率对公司业绩的敏感性甚至更小。高管层的更替率受到 CEO 更替率的影响，尤其是在外来 CEO 进入公司的时候。因为 CEO 们喜欢把忠于自己的人安排在高级职位上，无论过去这个人在这个职位取得了什么样的业绩。

可见，工作绩效本身是不够的，甚至是不必要的，要想获取和保持权力地位，你就必须引起别人的注意，并对业绩的评价标准施加影响。此外，你还必须有效地应对掌权者，这就需要你去提升他们的自尊。

别人记住了你，就等于选择了你

掌权者忙于他们自己的事情和工作。这些人，包括那些在组织中职位比你高的人，可能对你和你做的事情没有那么注意。你不应该假设你的老板知道或者注意到你取得的成果，或是完全了解你的活动，**因此你的首要任务就是，确保公司中那些职位更高的人知道你的工作成果。要做到这一点，最好的方法就是告诉他们。**

与原有的许多传统观念不同，是否能脱颖而出非常重要。有一句俗话我先是在日本听到，后来又在西欧听到，即“枪打出头鸟”。很多人相信这个说法，因此人们倾向于融入群体，而不是引人注目。这个规则可能在某些地方、某些时候确实有道理，但作为一般的职业生涯建议而言，它简直糟透了。

如果你获得了一个有实权的位置，必然是掌权者给了你这个高级职位。如果你毫不起眼，没有人会关心你，即使你的工作业绩非常出色也不行。我曾经的一个学生说：

> 我就是这种人，只有在我离开的时候，别人才会注意到我，而我在的时候别人未必会注意。我把这种人称作“地基”。房子的地基是必要的，如果没有它，一切都会坍塌，但它埋在地下，95% 的时候都运作良好。通常没有人注意它，因为它安静而扎实地工作着，有效率、有成果，但从未以光彩的形象示人，因此难以得到人们的注意。如果你安静地工作，你可以成为优秀的中层经理，但你能变得位高权重吗？答案是明确的：“不能！”

在做广告时，衡量其效果的重要标准之一就是“广告记忆度”（ad-recall），而不是品位、逻辑或艺术性。广告记忆度是指你能否记得这个广告和它宣传的产品。对你和你的权力之路来说，情况也是如此，而这是因为“单纯曝光效应”（mere exposure effect）非常重要。已故社会心理学家罗伯特·扎荣茨（Robert Zajonc）最初描述了这种效应，它是指人们在其他条件相同的时候，更偏好选择他们熟悉的东西，即他们以前看到过或体验过的东西。研究表明，**反复曝光会增加积极影响，减少消极情绪，人们更喜欢他们熟悉的东西，**因为这种偏好会降低不确定性。在不同的文化中，以及在一些特别的领域中，曝光效应对人们的嗜好和决策都有很大的影响。

一个简单的事实是，人们喜欢他们记得的东西，其中也包括你！为了让你的出色业绩能被人欣赏，你需要让别人看见这些业绩。除此之外，关于单纯曝光效应的研究告诉我们，熟悉产生偏好。简而言之，在很多情况下，**人们记住了你，就等于他们选择了你。**

有一位意大利裔管理者曾在众多大型跨国公司工作，而且他的晋升速度相当快。他是一个直言不讳的人，富有挑衅性，因此他有时会得罪人。

但是就像另一位经理告诉我的："即便几十年后我也会记住他，但我会忘记跟他一起工作的大多数人。"当这位经理需要找人填补职位空缺时，他会选择谁就显而易见了：当然是这位令人难忘的意大利裔管理者。你不会选择你不记得的人或东西吧！

让有利于你的业绩凸显出来

蒂娜·布朗（Tina Brown）曾经是《名利场》和《纽约客》杂志的编辑，之后她创办了《对话》（*Talk*）杂志，近来还创建了热门的网站"野兽日报"（*The Daily Beast*）。她是一位出色的编辑，一位流行文化的权威人士，能够吸引大量公众注意。在《名利场》工作的 8 年时间里，布朗让这本杂志的发行量增至 100 万册，增长了近两倍。她在《纽约客》工作期间，该杂志赢得了 20 多个重要奖项，其报亭销售额增长了 145%。在《对话》杂志 2002 年停刊之前的一年，甚至在经济整体不景气的情况下，这本杂志的广告收入也增长了 6%。但布朗似乎没有为这些杂志中的任何一本赚取利润，部分原因在于，只有付出相当大的代价，才能提高杂志的发行量并赢得关注。

蒂娜·布朗作为一家杂志的编辑，她的业绩如何取决于你用什么标准来评估她的工作。她大大增加了广告收入和发行量；她为自己和杂志吸引了注意力，但杂志并没有赚钱。对于 S. I. 纽豪斯（S. I. Newhouse）①来说，他可能对此并不介意。但《对话》杂志的联合大股东赫斯特国际集团（Hearst Corporation）则更看重利润。

没有人在工作的所有方面上能取得同样出色的成绩。你可以做的就是，

① 亿万富翁，《纽约客》和《名利场》的母公司前锋出版公司（Advance Publications）的老板。

不断强调某些你做得好的方面。在《对话》停刊之后，马特·劳尔（Matt Lauer）的《今天》（*Today*）节目采访了蒂娜·布朗，在劳尔的百般轰炸之下，布朗不得不承认，她的商业模式是有缺陷的。但是她选择不断重复的一点就是：杂志有很出色的内容，即便是在经济衰退下，广告收入也有所增加。

克里斯是一家人力资本软件公司的CEO。这家公司曾获得过风险资金，它提供的托管服务集中在小时工的选择上。在竞争日益激烈的市场中，一些竞争对手以低得多的价格提供类似的服务。他们公司与对手进行竞争的一个方法是，提供扩大的服务范围，管理员工的整个生命周期，即从聘用开始，经历整个职业生涯，直到退休。但克里斯公司的技术平台不太先进，而且克里斯也不是技术专家，所以他无法领导技术改进工作。

能够对衡量自己工作的标准施加影响的程度是有限的，但你可以突出业绩中有利于你的那些方面，并用这种方式来对抗竞争者。

为了留住客户，使公司的产品更加易于销售，克里斯和他的管理小组决定，为那些在合约到期之前续约的客户提供优惠的价格。在他为董事会做演示时，克里斯坚称这是一个很好的策略，可以增加递延收入，通过抢占先机让公司更具价值。这个演示转移了董事会的注意力，所以他们没有质疑：为什么需要通过降低价格来保持业务？

一名董事会成员曾提供数据，显示竞争对手正在蚕食克里斯所在公司的市场份额。但克里斯定义的业绩标准让他看上去表现得还不错。在公司以一个不高的价格出售之后，克里斯将大约400万美元收入私人囊中，但公司却失去了客户：虽然客户转投其他公司的行为被推迟了，但没有得到阻止。

能够对衡量自己工作的标准施加影响的程度是有限的，但你可以突出业绩中有利于你的那些方面，并用这种方式来对抗竞争者。

记住你的老板认为最重要的事

当鲁迪·克鲁负责管理迈阿密的学校时，学区预算约为45亿美元，教育系统聘请的人员超过55 000人。克鲁可能以为他的工作是改善学校的业绩，但由于事关丰富的资源，学校的一些董事会成员感兴趣的是：谁能得到合同和就业机会？学校董事会中充满了种族和阶级对立，他们显然对高级职员中的种族构成十分关心。在决定解雇克鲁的校董事会会议上，有一个人曾代表民意提出，如果克鲁的姓氏是“克鲁兹”，一个典型的西班牙姓氏，鉴于迈阿密有大量的拉美裔人口（中世纪的西班牙曾经在拉丁美洲殖民），他还有可能保住工作。当然，学校董事会成员的自尊心也很重要，克鲁为人处世的态度并不十分恭顺，他几乎从来就没有赢得一些董事会成员的喜爱。

以一种可以展示你的能力，并表现你控制了局面的方式来寻求帮助，是一种对权力在你之上的人的有效恭维。

工作业绩的重要性比人们以为的少，其中一个原因是业绩包含很多方面。此外，你的老板认为重要的事情，可能在你看来没有那么重要。杰米·戴蒙失去他在花旗集团的工作，部分原因是他与桑迪·韦尔的女儿（也在花旗工作）发生了争执。韦尔关心他的家庭，而不仅仅是花旗集团的财务表现。

很多人以为他们知道老板关心什么。但是，除非他们会读心术，否则这可能是一个危险的假定。**更有效的做法是，定期询问掌权者：哪些方面**

的工作最关键，他们是如何看待你应该做的事情的。通过寻求帮助和建议，你还可以与掌权者建立一种关系，这种关系可能会非常有用，而且，以一种可以展示你的能力，并表现你控制了局面的方式来寻求帮助，是一种对权力在你之上的人的有效恭维。在询问了他们认为重要的东西之后，你就可以根据他们的意见采取行动了。

恭维，一份美妙的礼物

在你的工作表现中，至少有一个重要方面是你可以做出判断的：你采取行动、谈论事情和获取成果的方式是否能让掌权者自我感觉更好？如果你想保住你的位置、想构建权力基础，最可靠的方式就是帮权位更高的人提升他们的自我感受。

绝大多数人都喜欢拥有良好的自我感觉，而不仅是那些具有不安全感的人才有这样的想法。尽管从客观的角度来说，人们可以从错误中了解他们做错了什么，从而学到更多的东西，但人们还是喜欢“自我增强”(self-enhance)，即寻求积极的信息，避免负面的反馈。人们往往高估自己的能力和成就，这种现象被称为“高于均数效应”(above-average effect)。超过一半以上的被调查者认为，在几乎所有的正面特性上，如智力、幽默感、驾驶能力、外貌、谈判能力等，他们都超过了平均水平。**由于人们喜欢自己，人们也会喜欢和自己相似的人**，因为有什么能比选择与自己相似的人所带来的自我增强效果更好的呢？大量资料显示，相似性在人际吸引力的预测中非常重要。例如，人们更有可能和姓名与自己相似的人结婚，而且在实验中，如果一些人被随机分配的实验代码数字与参与者的生日相似，参与者就会更容易被这些人吸引。而且因为人们喜欢和自己相似的人，他们会支持自己的群体，反对与自己的群体进行竞争的群体，这种效应称为内群体偏好（ingroup bias）和外群体贬抑（outgroup derogation）。而且由于同样的原因，人们也会喜欢和自己同一社会类别的人，例如，有类似的种族和社会经济背景的人。

如果你批评你的老板，你的老板肯定不会感觉良好，如果批评涉及的问题是你的老板很重视的、与内心不安全感有关的问题，那么这个批评就会变得尤其敏感。

在一家大型信用卡机构中，由评估和决策基础架构小组负责建立客户付款预测模型以及客户购买和保留模型。梅琳达是这个小组的一位经理，她很有才华，正在努力成为一名信贷经理。公司的首席信贷官非常欣赏她。但有一次，首席信贷官的一名下属在会议上举止恶劣，这让梅琳达十分生气，她告诉首席信贷官说，他的下属的不良行为反映了他自己的领导风格，因为他有时候也对人大喊大叫。而领导力正是这位首席信贷官缺乏安全感的软肋，他对这个批评的反应十分强烈。出于报复，他把对梅琳达成为信贷经理的委任推迟了一段时间，目的就是让她知道谁才是真正的老板。

布伦特是美联社的记者，为了报道发生在世界各地的事件，他基本上就生活在时刻可能发生新闻的地方。尽管布伦特报道了 2006 年朝鲜进行地下核试验的大事件，但那一年他获得的绩效评价却不高，因为他与编辑们发生了争吵：布伦特觉得编辑们对他的新闻作品造成了负面影响，他把这种感觉告诉了他的老板们。

记住这个教训

你必须关心你和你的老板之间的关系，至少不亚于关心你的工作业绩。

如果你的老板犯了错，看看除了你之外是否会有别人指出来。如果你确实要强调一些错误或问题，那就不要以任何方式涉及老板的自尊心或能力，比如你可以“怪罪”到别人的头上，或者是抱怨条件不理想。你最不应该做的事情就是让你的老板感到不安全，或者和掌权者交恶。

让掌权者自我感觉良好，最好的方法之一就是恭维他们。研究显示，把恭维作为一项策略，可以有效地获得影响力。恭维之所以有效，首先是因为人们天生喜欢恭维自己的人，喜欢那些让我们自我感觉良好、赞美我们成就的人。而对于恭维者来说，讨人喜欢有助于树立自己在他人心目中的影响力。其次是因为恭维遵循了互惠规范，即如果你恭维某人，就好像你请他吃饭，或者给他送礼一样，他会欠你一些回报，因为赞美是礼物的一种形式。而且恭维和存在于大多数人身上的自我增强动机是一致的，这就是为何恭维会有效的原因。

已故的杰克·瓦伦蒂（Jack Valenti）曾担任美国电影协会主席长达38年之久，在此之前，他曾是总统林登·约翰逊的助手，瓦伦蒂深知恭维的力量，也了解如何进行恭维。1965年，瓦伦蒂给约翰逊写信建议道：“我的建议是，通过诉诸一种亘古不变的人类感情，即感觉到被需要和被崇拜，总统可以牢牢抓住人们对他的支持。”通过展示对约翰逊的忠诚和一贯支持，瓦伦蒂也等于恭维了约翰逊。1965年6月，瓦伦蒂在对美国广告联合会发表的一篇演讲中说：“因为林登·约翰逊是我的总统，所以我每天晚上睡得更香，白天也更自信。”瓦伦蒂也恭维电影公司的老板们，他为他们工作了30多年。事实上他深知恭维的力量，并且几乎毫不间断地使用它。在他观摩了我的课程后，我给他写了一张表示感谢的便条，他在便条上亲自写了称赞我的话并发回给我。

让掌权者自我感觉良好，最好的方法之一就是恭维他们。

他在80多岁的时候写了一本自传，这本书在他过世后出版发行，书中没有讲任何人的闲话，也没有对任何人进行不恭敬的描绘。在数十年前，当杰克·瓦伦蒂开始铺垫他的权力之路时，他就开始实施恭维策略，这个策略一直持续到他的生命尽头。瓦伦蒂的自传没有赢得评论家的喝彩，因为书中的笔调比较亲切和气，并且对他所目睹的重要事件也没有提供具体细节，但任何读过这本书的人，都不会因为瓦伦蒂写了什么而对他心生嫌隙。

大多数人都低估了恭维的有效性，因此没能充分利用它。如果有人恭维你，你基本上会有两种方式做出反应：

一种反应方式是，**你可以认为这个人没有诚意，并且在试图讨好你。**可能你觉得这个人只是没有诚意，甚至算不上特别狡诈，但是这样想会导致你对他产生负面的感觉。更重要的是，如果你认为这种赞美仅仅是一种策略，旨在对你产生影响，这种思考也会导致你产生负面的自我感觉：别人居然在你身上尝试这样一种明显而虚伪的方法，他们究竟是怎么看你的？

另一种反应方式是，**你可以认为这些赞美是真诚的，而恭维者善于判断人。**采取这样的视角，你就会对他们的人际感知技能感觉良好，也会自我感觉美妙：对你的一个正面评价是由这样一个可靠的消息来源提供的。毫无疑问，人们希望恭维既是真诚的也是准确的，在大多数情况下，这样的意愿让我们容易被恭维，并且也因此受到恭维者的影响。所以你不仅不要低估恭维的效果，而且也要充分利用恭维策略。

珍妮弗·查特曼（Jennifer Chatman）是加州大学伯克利分校教授，在一项尚未发表的研究中，她力图求证是否存在着某个点，超越这个点的恭维会变得无效。她认为，恭维的有效性曲线可能呈倒“U”形，随着恭维的增加，效果也增加到一个制高点，但超过了那个点之后，恭维就会被看作是曲意逢迎了。正如她所告诉我的，这样一个让恭维变得无效的点确实可能存在，但她的研究没有发现这个点。

你与掌权者的关系对你的成功而言是至关重要的，所以我用这一章来强调“管理”上司的重要性以及一些实用方法。

畅销书作者、营销大师基思·法拉奇（Keith Ferrazzi）说过，与大多数人所认为的相反，其实职业生涯成功与否的责任并不应当归结到人们自身。正如他所指出的，你的雄心，甚至你的出色业绩，都不足以保证你在一个典型的等级结构组织中获得成功。为你的成功负责的人，是你的上司，是有权力提升你或者阻止你在组织中晋升的人。而且不管你的位置在哪里，总会有人在你上面。所以你的工作就是，**确保那些有影响力的人有强烈的愿望让你获得成功**。这可能需要你做好工作，但也可能需要确保掌权者知道你的工作做得很好，确保他们记得你，对你的评价很高，因为你能让他们自我感觉良好。**业绩和职场政治技巧结合在一起，才能帮助你获得晋升**。只靠业绩本身是不够的，在某些情况下，业绩甚至可能是无关痛痒的。

第 02 章

打造你的权力特质

你必须相信人是可以改变的，否则你甚至不会去尝试培养带来权力的品质，你会接受自己原来的模样，而不是踏上一条遍布着荆棘的个人成长和发展之路。人们应该了解哪些个人品质可以带来影响力，而且也能够培养这些品质。如果你年纪尚轻，这件事做起来可能会更容易一些，但其实任何时候开始都为时未晚。

自从1995年起，罗恩·梅耶（Ron Meyer）就是环球电影公司的总裁和首席运营官。在大型电影公司的负责人中，他是任职时间最长的一位。梅耶是电影业中一位有实权的人物，他曾经历过几次转型。梅耶15岁时从高中辍学，几年后加入了美国海军陆战队，这是一次转型。离开海军陆战队后，他到一家演艺中介机构当司机，这个工作让他了解到娱乐圈的很多内情，因为他可以听到坐在轿车后座的客户的谈话。在威廉－莫里斯经纪公司（William Morris Agency）当了一段时间经纪人后，梅耶和一些朋友创建了创新艺人经纪公司（Creative Artists Agency），这让他在好莱坞成了一位有权有势的经纪人。

和许多成功人士一样，梅耶也在人生旅途中有过几次转型，他自己培养起来的一些品质使他能够获得和保持影响力。如果你也打算这样做，你需要成功地克服三大障碍。**第一，你必须相信人是可以改变的，**否则你不会去尝试培养带来权力的品质，你会接受自己原来的模样，而不是踏上一条遍布着荆棘的个人成长和发展之路。**第二，你需要尽可能客观地评估你自己，以及你自己的长处和弱点。**要做到这一点非常困难，因为我们都有自我增强的欲望，也就是说，我们会想到自己好的方面，避开所有的负面信息，并过分强调我们接收的正面反馈。**第三，你需要了解构建权力基础的最重要的品质是**

什么，这样你就可以把有限的时间和精力集中在培养这些品质上。

改变，没有什么不可以

人们往往认为，无论构建权力之路需要什么样的品质，至少在你成年之后就已经明确自己拥有哪些特质、缺乏哪些特质。但是，罗恩·梅耶的传记，以及其他政治人物和商业人物的记录，都不支持这个观点。威利·布朗（Willie Brown）是加利福尼亚州议会历史上任期最长的一位议长，也是两届旧金山市市长，他是美国政治舞台中最有权势的人物之一。但是，他第一次参加议会竞选时失败了，第一次尝试成为议长时也失败了。随着时间的推移，布朗培养了更多的耐心和对他人的同情，并锻炼自己建立人际关系的能力。就像学习弹奏乐器、学说外语、打高尔夫球、踢足球一样，人们也可以了解到哪些个人品质可以带来影响力，而且他们也能够培养这些品质。如果你年纪尚轻，这件事做起来可能会更容易一些，但其实任何时候开始都为时未晚。

约翰是一名商学院学生，他不确定是否或如何能够更有效地获得权力。他认为，在我们的权力课程中学习到的东西，他以后才用得上，也就是像他说的，当他处在“食物链更高的位置上”时才用得上。尽管如此，约翰决定在他找工作时进行一个小实验，看看他是否可以用不同于以往的方式前去应聘，结果又会怎样。

约翰知道他需要表现出自信心，尽管他的个人经历和家庭背景并不总是让他觉得自信。约翰为校园招聘做足了准备，他穿着时尚、引人注目而不出格，在面试过程中他显得既有说服力，又不失对他人的尊重。他说：“当面试官走近我的时候，我也站起来走向他们，我与他们进行眼神交流，在他们跟我握手之前就主动伸出手去，并且在整个面试过程中，我都处在一个略微占主导的位置上。我做所有这一切的目的，就是表现出我在面试中也掌握着某种程度上的权力。”

约翰参加了7次面试，结果7次都被录用了。他把他的成功归功于他跟以前不同的行为举止，因为在一定程度上，录用他的面试官们大多谈到了他那令人眼前一亮的举止。

你也可以改变。编舞家特怀拉·撒普（Twyla Tharp）曾是两届艾美奖得主和一届托尼奖得主，他在谈到创意时说的话也适用于培养权力和政治技巧：

> 显然，人们出生时就具备特别的天赋……但我不喜欢把遗传基因当作借口……你应该克服自己的局限。最好的创意源自习惯和勤奋工作。

当然，由于遗传基因和成长环境的不同，人们都会有自己的个性和个人品质。但是，**策略性地改变个人品质，让自己变得更具影响力，这既是可能的也是可取的。**当一个人，我们假设他叫保罗，质疑自己能否培养和利用个人品质构建权力时，我是这样回答他的：

> 菲佛：你学会滑雪了吗？
> 保罗：当然学会了。
> 菲佛：滑雪是一种天生的技能吗？
> 保罗：不是。
> 菲佛：你学会了滑雪，你刚刚又承认滑雪技能不是天生的。如果你能学会这些技能，你当然也可以培养那些能让你掌握更大权力的品质。

你真的了解自己吗

如果你要培养自己的权力特质，那么，你面临的第一个挑战就是，要做一个诚实的评估，看看你最需要发展的是哪些方面，即你最有机会改善的是哪些方面。这种评估会在我们的意愿上带来很大的挑战，因为我们本来就喜欢高度评价自己，我们会高估自己的能力和业绩。我们会避开那些批评我们本人和我们的工作的人，并经常试图淡化任何有关自己的负面信息。我们告诉自己：我们过去的成功证明了我们的才华，因此我们可以继续按我们的老办法行事。

马歇尔·古德史密斯（Marshall Goldsmith）根据他多年来从事管理人员培训师职业的经验，写了一本畅销书。他写道：**我们会为自己的能力和行为进行辩护，克服这种辩护的动机是一种挑战**。当你在职业生涯中不断前进时，如果你需要培养新的思维和行动方式，而这种培养需要付出努力，那么你必须有足够的动力去这样做。但承认你需要培养新的行为和技能，似乎就是在承认自己并非像想象的那么完美。

古德史密斯经常和高级管理人员打交道，这些人大多极为自负，古德史密斯尝试的培训技巧缓解了人类的一种自然倾向，即首先避开关于我们的不足之处的一切信息，然后再对这些信息进行否定。例如，过去的方法一般是对人们行为的对错给出“反馈”，而古德史密斯则着眼于“前馈”，强调人们需要做好什么准备，来应对他们在接下来的职位和职业生涯中将面临的挑战。

> 这一理念关注的是，人们需要什么样的技能和素质进入他们职业生涯的下一阶段，而这些问题并不会激起人们的防御心理。这是一个聪明的理念，它着眼于你需要改变些什么来实现未来的个人目标。与回顾过去的挫折或检视自己的不足之处相比，人们对这个理念更能接受。我不在乎你做什么或怎么做，就像你在挂牌出售房子之前会改善一下它的装潢一样，哪些装潢需要改变，这需要你自己和他人来进行评估。要想增强你的技能，也需要对改善的领域进行类似的评估。

我的建议是，在思考了本章后面介绍的个人特质之后，你可以做一个自我评估。从我完全没有这种特质（第 1 级），到我极具这种特质（第 5 级），并且随时可以利用它，给你自己评级。更好的做法是，同时也让别人给你评级。然后你自己，或是和一个朋友一起，为自己制订一个具体行动计划，来培养你得分最低的那些特质。然后再定期检查你的进展情况，并确保你正在继续培养那些有助于你获得权力的个人特质。

而且你还要意识到，自我评估还存在着第二个挑战：即使你愿意完成这个在情感上有些艰巨的任务，对自己的长处和短处保持客观，你可能也不具备必要的专业知识，不知道如何改善或改善什么。简而言之，**你需要具备一定的知识和技能，才能够知道你做错了什么。**而如果已经具备了这些知识和技能，你可能一开始就不会犯错！

我曾收到过很多请求，人们要求我提供各种类型的帮助，比如回答关于商业著作的问题，提供职业咨询，帮助人们克服在公司中总是遇到的职场政治麻烦。我相信很多人都曾收到这种不期而至的请求，而且人们常常通过互联网发送，因为处于这个时代，在互联网上很难做到隐姓埋名。在大多数情况下，人们之所以会遇到这些问题，从他们提出请求的方式中就能体现出来：他们没有尝试提供证据，表示和我有任何社会联系或相似点，他们也没有从收件人的角度进行考虑，而且常常也没有解释为何选择向我提出请求。如果主题是学校或是和项目有关的问题，他们也往往没有显示出相应的熟悉程度和了解水平。

在本书后面的章节中，我们会谈到雷伊，他在书本知识上很聪明，是很有效率的人力资源管理者和领导力培训师，但由于缺乏职场政治技巧，他失去了工作。和雷伊的交谈让我相信，虽然他在领导力培训方面非常博学，并且有不俗的价值观，工作也很勤奋，但他对公司里的职场政治力量互动一无所知，而且由于这个原因，他也不知道自己欠缺什么。

这种情况并不少见。约 10 年前，康奈尔大学的社会心理学家贾斯廷·克鲁格（Justin Kruger）和戴维·邓宁（David Dunning）进行了一项开创性的研究，其结果显示，那些因缺乏必要的知识而无法成功地执行任务的人，对自己的不足之处也缺乏了解。例如，有些人在语法和逻辑思维测试中的表现只比 12% 的人强，但他们认为自己比 62% 的人都强。他们不仅高估自己的表现，而且还难以区分他们答对了哪些问题，答错了哪些，也不能准确地识别他人能力的高低。

幸运的是，这个问题有一个简单的解决办法，就是：**从比你更有技能、愿意告诉你真相的人那里听取建议。**但令人遗憾的是，请求别人提供这样的帮助有时会让我们觉得脆弱，因为我们都不愿意承认自己在某些方面很无知，于是自我增强意识又开始作祟了。所以，具有讽刺意味的是，与那些不知道自己的不足之处，或是害怕承认它的人相比，承认自己无知的人更容易获得提高，这种情况发生在所有领域中，包括在了解企业内部的权力互动方面也是如此。正如孔子所说：“知之为知之，不知为不知，是知也。”要想有所提高，就需要与一些人分享信息，这些人是可以帮助你弥补知识上的不足的人。

至于第三个障碍：不知道哪些个人品质对获取权力最为关键，你可以先识别那些能带来权力的个人技能和品质，然后努力去培养它们，这两个步骤都是可以做到的。在有助于你通往权力之路的所有品质中，我要强调其中最重要的 7 个。

七大特质让你大权在握

关于组织中的权力，虽然出现了越来越多的研究文献，但个人品质方面的系统性证据却较少，因为从某种程度上说这种研究本身非常困难。询问掌权者的品质可能会引起混淆：到底是他们的品质带来了影响力，还是他们掌权后拥有了这些品质。根据现有的研究，加上我自己对政治和商业人士传记的分析，以及对数百位社会各界领导者的观察，我认为有两个基本方面和 7 项个人特质非常重要，它们在逻辑上和经验上都和建立个人权力有关。

一些人晋升到很高的位置并成就了惊人的事业，他们与其他人的不同之处有两点：意愿和技能。意愿是使人愿意承担巨大挑战的驱动力，技能则是把雄心转换为成就的能力。意愿体现在个人素质中，就是**雄心**、**精力**和**专注**。而有助于获得权力的 4 项技能，则分别是**自知之明**和**反省心态**、**散发自信的信心和能力**、**理解他人并懂得换位思考**以及**化解冲突的能力**。在对以上每个特质进行说明之后，我将讨论另一个特质：**智力**。智力和权力有些关系，但我认为它被严重高估了。

雄心

成功需要努力、勤奋和坚持不懈。要付出努力，做出必要的牺牲，就需要雄心来驱动。不仅在政治上是这样，在商业中也是如此。

已故的理查德·戴利（Richard Daley）是芝加哥前市长，他被认为是美国历史上最好的10名市长之一。直到戴利53岁时，他才参选市长。“戴利在早年就意识到他需要掌握权力，他愿意耐心地等待行使权力的机会，于是他花了30多年时间默默在大城市的政治机器中扮演一颗螺丝钉的角色。”

多丽丝·科恩斯·古德温（Doris Kearns Goodwin）曾写过美国总统亚伯拉罕·林肯的传记，这本获得普利策奖的传记重点描写了林肯的雄心，认为雄心是他在政治生活中获得成功的最重要素质。林肯的雄心让他克服了出身贫寒的劣势，并挺过了早期遭受的政治挫折与人格轻视。

美泰玩具公司（Mattel）CEO吉尔·巴拉德（Jill Barad）拥有难以磨灭的野心。她经常戴着一个大黄蜂胸针，她说：“大黄蜂是自然界中的一种奇妙生物，理论上它不能飞行，但是它却做到了。每当我用眼角的余光瞥见那只大黄蜂，我就会继续努力去完成不可能完成的任务。”

公司中有些状况可能会令人感到不快或沮丧，也可能会转移人们的努力和注意力。但是，**雄心可以让人们专注于获得影响力，帮助人们克服放弃或让步的诱惑。**

梅琳达是一家大型信用卡机构的信贷经理，她告诉我说，正是对目标的不懈专注让她忍受了各种恼人的、愚蠢的、令人沮丧的状况，用她自己的话来说，就是让她“不要纠结于当前的不足”。她对职业生涯成功的渴望帮助她控制了自己的情绪，促使她继续努力实现她的目标。梅琳达专注于她所追求的成果，而不是纠结于人们不同的个性和癖好，这是她的职业生涯发展迅速的一个重要因素。

精力

劳拉·埃瑟曼(Laura Esserman)是加州大学旧金山分校卡罗尔-弗兰克-巴克乳腺癌中心（Carol Franc Buck Breast Cancer Center）的总监，她的职位几乎没有什么正式的权力，但她却领导了当地乃至美国全国医疗实践中的重大改革。埃瑟曼在全职工作并怀着她的第一个孩子的时候，获得了工商管理硕士学位。正如她曾经对我说的："你可能想先打个小盹儿，但这样做你不会改变世界。"

已故的弗兰克·斯坦顿（Frank Stanton）曾是哥伦比亚广播公司（CBS）的总裁，他在新闻和广播领域拥有巨大的影响力。即使在周末，斯坦顿也会埋头苦干，他通常晚上只睡5个小时。教育系统的领导者鲁迪·克鲁患有失眠症，经常在凌晨3时还在工作。在纽约工作时，克鲁常常是第一个到达办公室的人。据我所知，几乎所有的掌权者都有无穷无尽的精力。

这是因为精力对建立影响力有三个方面的帮助。**第一，精力就像愤怒或快乐这样的情感状态一样，具有感染性。**因此，精力可以激发他人付出更大的努力。美国总统林登·约翰逊年轻时曾是众议员理查德·克莱伯格（Richard Kleberg）的国会秘书，那时是20世纪30年代初，约翰逊给了他的两个助手很大的工作压力，但是由于他跟他们同样卖力地工作，他们也就失去了抱怨的机会。你勤奋工作，传达出"这个工作很重要"的信号，人们就会接收到这个信号。而且如果你愿意勤奋工作，人们也会更愿意付出努力。

第二，充沛的精力可以让你长时间地工作，这对你取得成果很有好处。对天才或有才干者的研究不断发现：“艰苦的准备”发挥了重要作用。社会心理学家迪安·基思·西蒙顿（Dean Keith Simonton）花了超过 25 年的时间来研究天才的决定因素，他写道：“在多种天赋领域中，个人的表现差异，在很大程度上可以归因于用在直接获得必要的知识和技能上所花费的大量时间……有的研究者甚至认为，天才可能纯粹是神话。”很明显，充沛的精力可以让你长时间地刻苦工作，帮助你更快地掌握知识和技能。

第三，在工作中，人们常常会提升那些精力充沛的人。这不仅是因为他们能够努力工作，也因为他们付出很大的精力，这意味着对组织的高度责任感，并令人以此推导出他们可能具有忠诚的态度。就像信用卡机构的梅琳达所说：如果有两个人，一个愿意也能够每天工作 16 小时，一个则只能工作 8 小时，晋升的机会属于谁就很明显了。

如果你对你所做的事情十分投入，那么你更有可能拥有充沛的精力。

人们可以拥有更多的精力，知足于较少的睡眠。劳拉·埃瑟曼称，她经历过严格的外科医生训练，她在实习时必须坚持长时间不睡觉，这些都帮助她培养了忍耐力。这表明，通过实践或训练可以提升一个人的精力。肯特·西里（Kent Thiry）是达维塔肾透析公司（DaVita）的 CEO，他曾在员工会议上做后空翻。西里让他的个人助理为他安排健身时间，这样的生活方式有助于他拥有充沛的精力。这些例子说明，即使是工作繁忙、总是出差的人，也可以通过饮食和锻炼来提高勤奋工作的能力。而且，如果你对你所做的事情十分投入，那么你更有可能拥有充沛的精力，所以从这个意义上说，精力和雄心如影随形。

专注

把干草放在阳光下，即使是在最热的一天里，也不会发生任何事情。但是如果把干草放在一个放大镜下，就会被点燃。太阳的光芒在被聚焦时会变得更加强大，这个道理也同样适用于追求权力的人。

专注有几个层面。**第一个层面，是指专注于一个特定的行业或公司，进行深入了解，建立更具实质意义的人际关系网络。**

布鲁斯·科查德（Bruce Cozadd）很早就知道自己对药品行业感兴趣。他是耶鲁大学的理工科学士，之后又获得了工商管理硕士学位，然后他进入阿尔扎制药公司（Alza），并迅速晋升为首席财务官，然后又成为执行副总裁和首席运营官。当强生公司收购了阿尔扎公司之后，科查德为几家生物制药公司担任顾问，然后他创建了贾兹制药公司（Jazz Pharmaceuticals）。而且他还是另外两家生物技术公司的董事会成员。科查德跟他的许多同龄人都不一样，从商学院毕业后的前10年中，他一直效力于同一家公司，即阿尔扎公司，而且他在整个职业生涯中都一直从事医药行业。科查德认为，与较为分散的工作背景相比，这样的专注让他对医药行业知识及其技术和管理问题有了更详尽的了解，而且也让他在业内拥有了更深入、更广大的人际关系网络。

梅琳达自2002年以来就一直为同一家信用卡机构工作。她指出，一直留在同一个地方的好处是，你会对同一个组织里的人有更多更深入的了解，这样你就可以建立更深入的人际关系，并通过它更好地运用权力，因为你对你想要施加影响的人有了更详细的了解。虽然近来人们常常谈到增缩小专注的焦点，像太阳的光芒一样，把精力投入少数领域的有限活动中，你就更有可能获得权力。

加职业生涯流动性的好处，但组织内部的人仍然更容易获得有影响力的职位。最近对标准普尔 500 公司的 CEO 进行的调查发现，他们在该公司中的平均任期为 15 年。

第二个层面，是指专注于有限的活动或技能。如果像很多研究所显示的那样，天才需要耗用大量的时间来获得出色的能力，那么，从定义上看，如果你专注的范围更加狭窄，你就可以在更短的时间内获得成功。

第三个层面，是指在工作中，把焦点集中到一些特定任务或最重要的活动上。这些任务和活动，对于你的工作表现以及让其他人了解你和你的工作效率而言，应该是关键性的。在巴克莱银行迅速晋升至总裁之职的弗农（Vernon）给他的同行们留下了深刻印象，因为他能像激光一样把焦点集中在对公司最重要的事情上，不管这件事是向公司高层做演示，还是管控信息技术项目。弗农说，他可能有很多工作职责，但把焦点集中在其中的 5% ～ 10% 上，他就能更有效地管理自己的时间，并能把资源分配给他的小组，从而获得最大的成果。

做事专注的案例是非常难得一见的。人们往往不愿意或无法投入一个具体的公司、行业或工作职责之中。尤其是那些有才华的人，他们往往会有很多兴趣和机会，因而无法在这些兴趣和机会中做出选择。此外，他们常常觉得工作角色的多样化可以为他们提供某种保护，让他们不至于做出错误的选择。这些可能都是事实，然而证据显示，如果缩小专注的焦点，像太阳的光芒一样，把精力投入少数领域的有限活动中，你就更有可能获得权力。

自知之明

几年前，在为消防员基金（Fireman's Fund）做管理人员内部培训时，我认识了乔·贝内杜切（Joe Beneducci）。消防员基金是德国金融服务巨头安联集团（Allianz）旗下的一家公司，规模达120亿美元。当时贝内杜切是这家公司的首席运营官，而到2007年，贝内杜切39岁时，他已经成了CEO，并被《保险与科技》（*Insurance and Technology*）杂志评选为当年最具科技头脑的CEO之一。当我问他是如何在这么年轻的时候就登上这样一个高位时，贝内杜切向我保证，这和他的教育背景无关，虽然他的成绩很好，但他并非名校出身。相反，他认为自己的成功在于广泛阅读和结构化的自我反思，他每周至少读一本非小说类的书籍。在每次重大会议或人际交流后，他都会在一个小笔记本上做笔记，写下哪些事情做得好，哪些事情做得不好，以及人们说了什么、做了什么，本次会议的结果如何。这样的笔记记录了他的想法和从人际交往中学到的东西，因此他可以让未来的交流变得更加有效，而且，写作的习惯促进了他的思考，也把他的见解更深地铭刻在了他的意识之中。

米奇·迈迪克（Mitch Maidique）是一个古巴裔美国人，在过去的23年中，他一直担任佛罗里达国际大学的校长，之前他还经营过两家公司，还是投资银行汉鼎公司（Hambrecht and Quist）的合伙人，迈迪克在营利性组织和非营利性组织中都颇有建树。当我问他是什么样的领导习惯让他获得如此卓越的成果时，他的回答很直接——做笔记，记录下决策、会议和其他交流的情况，并反省自己做得好不好，这样就能够提升自己的技巧。

没有反省，就学不到东西，也不会有个人发展。安迪·哈加登（Andy

Hargadon）是加利福尼亚大学戴维斯分校商学院的一名教授，他指出，有些人以为自己有20多年的经验，实际上没有，他们只有一年的经验，不过是重复了20多次而已。结构化的反省需要花费时间，而且也需要你有较强的自律能力。去集中注意力，做笔记，并想想自己在做什么吧！它对构建权力之路非常有用。

没有反省，就学不到东西，也不会有个人发展。

信心

弗朗西丝·康利（Frances K. Conley）是神经外科领域的第一位女性外科医生，20年前我曾亲眼目睹过她工作时的情景。有一次，她和外科学员们去给一名恶性脑肿瘤患者会诊。即使是在今天，对脑癌的治疗也并非十分成功，更何况是在大约20年前，治疗方法的选择就更加有限了。与学员们在一起的时候，康利向他们说明了治疗的不确定性，并询问了他们的想法。但是当康利走进病人的房间时，她就像变了一个人似的。康利不会否认问题的严重性，也不掩饰病情可能恶化的结果，她会自信地介绍她建议的治疗方案。关于她在举止上的这种改变，我后来向她问起过。康利回答说：医生的自信会对病人起到安慰效果，而且病人的态度和情绪对病情也会产生影响，因此她不想让病人放弃治疗或者感到沮丧。康利指出，如果她表现得太过自我怀疑，患者可能已经离开这家医院，去其他地方寻求治疗了，而那些地方的技术或设施条件可能更差，不足以为患者提供最先进的治疗。

大多数人在大多数时候都或多或少地拥有权力。正式的工作头衔和职位可以让人们发挥影响力，因此你需要抓住对局势的控制权，而观察者们会估量他们是否应该认真地对待你。在人们决定给予他人多大的权力和尊重时，他们自然会从对方的行为举止中寻找线索。而权力有可能让人们表现出更加自信的行为举止，所以观察者们就会把有信心的言行与实际拥有的权力联想到一起。因此，表现得有信心和有见识可以帮助你扩大影响力。

人到中年的阿曼达在一家成功的大型消费品公司工作，她是一位优秀的管理人员。公司送她参加了为期一年的管理学硕士学位课程，并付给她工资和学费。这一事实暗示着，公司对她寄予了很大的期望。阿曼达能够利用好这个机会吗？今年春天，阿曼达就要重新回到公司了。她写了一封电子邮件想要发给公司，幸运的是，她让一个朋友先看了看这封邮件。这位朋友是另一家公司的女性管理者，她替阿曼达加强了邮件中的语气：明确地表达了阿曼达想进入高级管理层的愿望，声称她将寻求一条通往高级管理层的职业道路，并且清楚地提出她回到公司时希望获得的职位类型。阿曼达认为修改后的邮件显得自以为是，所以一开始不愿发送，但最后还是发出了。电邮引起的反响让阿曼达感到愉快而惊讶，她的公司同事喜欢她表现出的自信，喜欢她这样雄心勃勃地表达职业愿望。为什么不呢？这就是高级管理人员的所作所为，阿曼达表现出的举止就和他们一样。

对女性而言，表现出信心似乎是一个常见的难题，社会生活要求女性显得恭顺，而不是那么刚毅自信，但是这种行为会带来问题。布伦达·梅杰（Brenda Major）是一位社会心理学家，她的研究表明，要获得同等数额的收入，女性需要的工作时间更长，工作也更辛苦。与男性相比，她们所期望的入职薪水和最高收入都较低。这项研究暗示，由于女性不认为她们自身的工作拥有那么多价值，因此她们在薪酬谈判中处于不利地位，这就是男女收入一直存在差距的一个原因。

不仅仅是女性，所有不自信的人都会遭受不利影响，而不利影响也不仅仅体现在薪酬上。**如果你对你的工作值多少回报没有自信，对你想要的东西也不自信，你就不愿意要求或者推动别人，因此，相较于那些比你活跃的人而言，你获得的金钱或影响力就比较少。**

换位思考

谈判培训通常会建议你就“利益”而不是“立场”进行谈判，即理解对方想要的东西是什么，以便让你和他们可以在相互让步中获得更好的结果，从而达成一致意见。**为了让谈判获得成功，你需要了解对方想法的来源**。让自己站在别人的角度上去思考，这种能力也有助于你获得权力。林登·约翰逊作为参议院多数党的领袖，他成功的根源之一，就是注意到了他的 99 个同僚的各种细节，他知道谁想要一个私人办公室，谁是醉鬼，谁沉迷于女色，谁想去参加某个特定的行程。所有这些事情，使他能够准确地预测他们将如何投票，也让他知道，为了获得每个参议员的支持，自己应该给他或她提供什么东西。

得克萨斯大学心理学家威廉·伊克斯（William Ickes）曾经研究过“移情理解”（empathic understanding）。他指出：“能够准确移情的人善于‘读出’其他人的思想和感受。在其他因素相同的情况下，他们很可能成为最圆滑的顾问，最老练的外交官，最有效的谈判者，最有候选资格的政治家，最富有成效的销售员，最成功的教师，以及最有洞察力的治疗师。”

如果太过专注于最终目标或自己的目标，而不太关心赢得他人的支持，或者至少是减少他们反对的可能性，那么就会妨碍我们站在别人的角度上去思考。劳拉·埃瑟曼在推动加州大学旧金山分校卡罗尔－弗兰克－巴克乳腺癌中心的变革时，她同意为一部乳腺 X 光造影检查车筹集资金，以便在旧金山的贫困地区提供诊断服务。在这个时候，她所在的外科出现了赤字，外科主任想知道为什么外科要提供放射科的服务；而医疗中心的首席财务官关注的是债券评级 [①]。另一方面，鉴于不足的偿付率，很多行政管理人员都希望治疗更多有医疗补助的病人，但检查车可能会发现大量患有乳腺癌的贫困妇女。

埃瑟曼最初只是想挽救生命，为弱势妇女提供治疗服务，并“做正确的事情”，但她忽视了别人的观点和意见。但是有一天，她突然意识到，她自己甚至对乳腺X光造影检查术不感兴趣，如果她把注意力转移到这样的事情上，只会引起人们的反对，并带来和她关注的重点无关的波折。于是她告诉外科主任说：“我理解你的观点，我同意你的看法，我会处理好这件事。”在两个星期内，她停止了乳腺X光造影检查服务。这个简单的行动赢得了一些人的支持，而这些人的帮助正是她所需要的。

记住这个教训

站在别人的角度上去思考，专注于完成你的目标，不要转移注意力，这是向自己的目标推进的最好方式之一。

化解冲突的能力

职场欺凌是指大喊大叫、咆哮责备、不敬的言语，以及发生在工作场所的其他不当行为。这些行为会给行为对象和他们工作的组织带来不利影响。有大量书籍讨论过职场欺凌的不利影响，人们也对此进行了一些实证研究。因此一个顺理成章的问题是：为什么这种行为会存在？答案是：这种行为对作恶之人往往非常有效。因为大多数人都厌恶冲突，他们想避免棘手的情形和难以相处的人，所以经常会答应这种人的要求或是改变自己

---

① 为修建旧金山使命湾（Mission Bay）新校区所发行的债券。

的立场，而不是挺身而出维护自己的人格和自己的观点。如果大多数人都想避免困难的、充满冲突和压力的环境，而你却可以有效地处理它们，那么你就具备了一些优势。

在担任奥巴马总统的幕僚长之前，拉姆·伊曼纽尔（Rahm Emanuel）是非常成功的众议院议员，他是民主党国会竞选委员会的负责人，以脾气火暴而著称。曾有人说："伊曼纽尔似乎是在用他的火暴脾气来恐吓对手……但他从未在战斗中完全失控。"同样，纽约市前市长朱利亚尼因在任期中表现出色而备受赞誉，他也从来不在战斗中畏缩。"在政治拳击之都，朱利亚尼先生可以称得上是一位职业拳击家。但是历史学家和政界人士说，他的姿态十分强硬，远超他的历届前任，已经接近冷酷的边缘，这也成了他在市长角色中的一个决定性特色。"

如果大多数人都想避免困难的、充满冲突和压力的环境，而你却可以有效地处理它们，那么你就具备了一些优势。

有些人错误地以为，只有在西方文化中，这种参与冲突的意愿才是权力的来源，因为西方文化对个人主义行为的容忍度较高，更加开放，也更少采取慎重的交流方式。不过这种观点缺乏充分的证据。在新加坡，人们会开展宣传活动来促进礼貌行为，但是曾长期担任总理的李光耀被人们评价说"常常举止粗鲁，瞧不起人"。李光耀曾与统治新加坡的英国人展开较量，从而执掌大权，此后，在与政敌的斗争中他也从来没有表现出丝毫退缩。川又克二由于在日本兴业银行的事业发展欠佳，1947年被兴业银行派往日产汽车公司工作。尽管川又克二没有汽车行业的经验，但他最终成了这个大型汽车公司的负责人。在这个典型的日本公司中，向人们展示自己的强硬姿态是川又克二通往权力之路的一个重要武器。正如大卫·哈伯斯坦姆（David Halberstam）在关于汽车业的著作《大清算》（*The*

Reckoning）中所写的，川又克二的粗鲁行为是具有特殊目的的："这是一个权力游戏。一个日产经理很多年后说，'最初我们没有意识到，但实际上他是在用这种行为告诉我们，我们感兴趣的东西他不一定会感兴趣，但他感兴趣的东西我们必须要感兴趣。'"

别让聪明埋下溃败的种子

在所有的人类特质中，人们研究得最多的也许就是智力了。研究表明，用智力来预测工作业绩是最准确的。但人们往往高估了智力在获取权力过程中的作用。首先，正如我们已经提到的，工作业绩和获取权力的能力并非密切相关。其次，在任何情况下，智力在工作业绩差异的原因中所占的比例一般不到20%。

对于研究者和实践者，尤其是测试开发者，以及想找到更有效的方法来筛选申请人的大学和研究院来说，如何解释职业生涯的成功一直都是一个重大课题。但是这一目标至今仍然难以达到，而且，一般性的智力对于了解谁会获得成功并不重要。一项研究调查了来自不同国家的85个数据集，得出的结论是，智力和收入之间的相关性为0.2，这个数据在统计学上虽然是显著的，却意味着在所有收入差异中，只有约4%可以用智力差异来解释。

人们做了很多研究，想了解哪些因素可以用来预测职业生涯的成功，这些研究既针对一般人群，也针对像商学院的毕业生这样的特定人群，结果人们发现，智力与在校成绩有一定关联，但却和职业生涯的成功几乎没有关系。这是因为，学习成绩与职业生涯成功的衡量因素比如收入等没有太大关系。

索尼娅·索托马约尔（Sonia Sotomayor）在衡量一般学术能力的学力测验中成绩不佳，她能进入普林斯顿大学是由于学校的反歧视运动。尽管如此，在从普林斯顿大学毕业并获得学位后，她在法律界登上权力顶峰，最终被任命为美国最高法院大法官。

由于难以用智力来解释谁会获得成功，有研究者提出了“多元智能”的概念，并开发了像“情商”这样的预测因素，这些因素或许能够更好地解释职业生涯发展的差异。

此外，**智力，特别是超过了一定水平的智力，可能会导致人们做出某些行为，而这些行为减小了获得并维持影响力的可能性**。首先，那些特别聪明的人认为他们可以自己做到一切，而且比别人做得更好，他们让潜在的盟友完全不知道他们的计划和想法，因此他们可能无法和别人一起共事。因为其他人总认为他们特别聪明，进而他们可能就会变得过度自信甚至嚣张，并因此失去权力，我们将在后面的章节中更详细地讨论这一点。其次，聪明的人可能会以为，由于他们足够聪明，他们就可以对别人的需要和感受不那么在意。在我见过的最难“站在别人的角度思考”的人中，很多人都非常聪明，以至于他们不能理解为什么别人不能想到自己所想到的事情。最后，智力可能变得带有胁迫性。虽然胁迫会在一段时间内有效，但它不能带来持久的忠诚。

智力与在校成绩有一定关联，但却和职业生涯的成功几乎没有关系。

从越南战争到安然公司，针对这些大溃败所做的很多研究报告都在标题中强调了其决策者本应具有的聪明才智，比如《出类拔萃之辈》（*The Best and the Brightest*）或《屋内聪明人》（*Smartest Guys in the Room*）。已故的罗伯特·麦克纳马拉（Robert McNamara）是越南战争时期美国的国防部长，军界的人形容他极为聪明，他告诉纪录片《战争的迷雾》（*The Fog of War*）制片人埃罗尔·莫里斯（Errol Morris），越南战争的失败是因为美军没有从越南北方的角度来看待事情。而安然公司的崩溃，部分原因在于人们觉得自己非常聪明，认为怀疑他们的人就是在诋毁他们，因而在公司内部没有其他观点存在的余地。因此，**尽管智力有助于树立声望和获得良好的工作业绩，却往往会造成过度自信和麻木，从而埋下溃败的种子。**

一旦你开始培养前面提到的这些特质，或是走上培养这些特质的道路，它们就可以为你带来影响力，而你的下一个任务就是找出部署它们的最佳位置，这将是下一章的主题。

Why Some People Have It and Others Don't

第二部分

权力路线图

第 03 章

起点决定高度

如果你想迅速升迁，那么你就要找到尚未被充分开发利用的位置，在那里你可以遇到较少的阻力，参与一些在不久的将来会比今天重要的活动，从而获得筹码并建立自己的权力基础。

在美国富国银行被美国西北银行收购之前，其高层领导者也大多来自管理科学部门。其中包括克莱德·奥斯勒（Clyde Ostler），在他30年的职业生涯中，担任过首席财务官、零售银行业务负责人以及网上银行主管；罗伯特·乔斯（Robert Joss），他升职到富国银行的副总裁，之后又成为澳大利亚西太平洋银行的CEO，然后成了斯坦福大学商学院院长；弗兰克·纽曼（Frank Newman），他也担任过富国银行首席财务官，然后执掌了信孚银行；还有罗德·雅各布斯（Rod Jacobs），他曾担任财务总监，后来成为富国银行的总裁。由于管理科学部门为该银行最重要的决策做了很多决策分析，这个部门的员工常常有机会接触银行的高层领导者。在23岁的时候，奥斯勒已经为富国银行投资委员会进行决策分析，这个委员会有6位决策者，而且是银行管理委员会的一部分，因此奥斯勒很快也与管理委员会一起工作，还参与他们的会议。在职业生涯的早期，奥斯勒就在银行的沟通网络中获得了一个极佳的位置，可以接触到重要信息和关键人物。

你的职业生涯从哪里开始，这个问题会影响到你的晋升速度，以及你能晋升到多高的位置。在加州大学的两个校区里，一个行政职员的加薪速度与他所在的学术部门的权力相对应。也就是说，所在院系越强大，行政职员的薪级也攀升得越快。有人对一个拥有3 500名雇员的公用事业部门中的 338 名管理者进行了研究，结果发现，人们从哪个部门开始自己的职业生涯、这个部门的权力大小影响到了他们的薪资增长率；在权力更大的部门中工作，晋升得也更快。这项研究还发现，从权力较大的部门如运营、销售和客户服务部起步的经理，在调换工作部门的时候，更有可能仍然留在权力较大的部门中。

- 在美国电报电话公司被政府拆分之前，其 CEO 一般来自伊利诺伊贝尔子公司（Illinois Bell subsidiary）。
- 如果你想在太平洋煤气电力公司当 CEO，那么法律部门就是你的最佳起步点。在这个公司，权力已经从具有工程背景的人群转移到了具有法律背景的人群中。1950 年，这家公司的最高级职位中只有 3 个由律师担任，而到了 1980 年，这个数字上升到了 18 个。
- 在通用汽车公司，金融部门多年来都是人们登上高级职位的踏板。在我开始学术生涯的伊利诺伊大学，物理学院是一个强大的院系，这个大学里很多高层职位都被来自物理学院的人占据了。

直觉告诉我们，对于权力之路而言，并非所有的职业平台都有相等的价值，研究结果显示这个直觉是正确的。但在选择从哪里开始创建自己的权力基础时，人们常常会犯错误。最常见的错误就是，把自己定位在组织目前的核心业务、技能或产品所在的部门中，即目前最有权势的部门中。事实证明，这并不总是一个好主意，因为在组织的核心业务中，你会遇到最有才华的竞争者和最固定死板的职业发展道路和进程。此外，今天最重要的功能或产品在将来并不一定仍然重要。因此，如果你想迅速升迁，那么你就要找到尚未被充分开发利用的位置，在那里你可以遇到较少的阻力，参与一些在不久的将来会比今天更重要的活动，从而获得筹码并建立自己的权力基础。我将用下面的两个例子来阐述这个理念。

最熟悉的不一定是最适合的

你可能会以为，对汽车有所了解，可以帮助你在一家汽车公司中登上顶层；或者拥有软件知识背景，可以帮你在世界级的软件企业中开创成功的职业生涯。但这两个想法都是错误的。在理解为什么它们是错误的时候，我们可以领悟到一些重要的观点，而这些观点会帮助你决定从何处开始你的职业生涯。

总部设在德国的 SAP 公司是一家价值 150 亿美元的软件公司，在企业资源规划和数据库软件市场中，SAP 是甲骨文公司的一个有力竞争对手。在 2009 年时，齐亚・尤索夫（Zia Yusuf）已经成了 SAP 公司全球生态系统和合作伙伴集团的执行副总裁。41 岁的尤索夫仅仅为 SAP 工作了 9 年，就成了这家跨国公司的高级管理人员，他领导着一个负责 SAP 合作伙伴关系的小组，也负责在线社区和客户拓展业务。但是，尤索夫的背景似乎并没有预示着，他可以在一家以工程为主的高科技公司中成功地发展他的职业生涯。

齐亚・尤索夫出生于巴基斯坦，在明尼苏达州的玛卡莱斯特学院（Macalaster College）获得了经济学和国际研究学学士学位。怀着对国际发展领域的兴趣，尤索夫进入了一家发展经济学咨询公司，并获得了乔治城大学外交事务学院的硕士学位。之后，尤索夫进入世界银行工作，他的表现十分出色，成了世界银行的正式工作人员。不过，世界银行不允许尤

索夫调到他旗下的国际金融公司（International Financial Corporation），所以在妻子的建议下，他决定回到商学院，以强化他在私营部门方面的知识。他获得的第二个硕士学位是哈佛商学院的MBA学位，并于1998年进入高盛工作，在这里，他可以充分利用他的银行和经济学背景，而且高盛也是哈佛商学院毕业生的一个通常去向。尤索夫在高盛的工作表现非常出色，他特别擅长客户关系管理，但尤索夫不太喜欢银行工作。

20世纪90年代末是互联网繁荣的高峰时期，硅谷的发展令人振奋，尤索夫在哈佛商学院的同学和在高盛的伙伴们都纷纷去硅谷开拓自己的事业。尤索夫的一位同事，同时也是哈佛大学校友，成了SAP联合创始人哈索·普拉特纳（Hasso Plattner）的董事助理。尤索夫之前从来没有听过SAP，更不用说对SAP有什么了解了，但他仍然飞往旧金山湾区，与普拉特纳见面，并获得了SAP在加州帕洛阿尔托办事处的一个职位。当时尤索夫认为这是一个迁入加州的好办法，SAP会付给他搬迁费，他也可以近距离地感受硅谷的文化和抓住可能的机会。

一开始，尤索夫是SAP Markets集团的首席运营官，这个集团是SAP的一个全资独立法人，其业务是建立电子交易市场，将买家和卖家联系起来，并从每次交易中提取少量费用以获取利润。其他一些公司，如第一商务（Commerce One），也采用了这种商业模式，但事实证明这个模式并不成功。虽然SAP Markets开发了一些可以用于SAP其他产品的重要软件组件，但这个600人的集团最终还是被解散了。

SAP Markets停止运作后，尤索夫接受了建立SAP内部战略咨询部门的新任务。他从SAP公司内外聘用人才，组建一个新部门，这个部门有机会参与几乎所有需要进行数据收集和分析的高级别决策，比如重新设计人力资源部门、定价问题、组织结构和设计的选择等。这个部门被称为

“企业咨询小组”（Corporate Consulting Team，CCT），它成了 SAP 与一切外部咨询师的联络处。当普拉特纳对以用户为中心的设计和设计思想感兴趣时，自然就是由尤索夫和企业咨询小组去联系一流的产品设计公司 IDEO，以及其他可以帮助 SAP 达成目标的外部资源。

企业咨询小组在德国和帕洛阿尔托各有一个办事处，在主管这个部门 4 年以后，尤索夫着手开展一项新业务：为 SAP 公司巩固和发展生态系统活动。他向联合 CEO 利奥·阿波特克（Leo Apotheker）汇报，此人后来成了 SAP 的 CEO。《商业周刊》对这个活动赞誉有加，合作伙伴和生态系统领域的开发者和客户社区也为 SAP 提供了更多的收入和产品。此时的尤索夫已经有所建树，而且由于他在客户、合作伙伴和竞争对手中的知名度较高，猎头公司找到尤索夫，希望他担任一家高科技公司的 CEO。很多人都认为这将会是尤索夫职业生涯中的下一步棋。

尤索夫已经从一名银行家变为一个大型软件公司的高级领导者，并很有可能在 10 年内成为一家高科技公司的 CEO，但他并没有工学学位，甚至在这段时间内也从未管理过工程或销售机构。在 2009 年年底，尤索夫宣布他即将离开 SAP，去一个较小一些的公司担任首席运营官或 CEO 的职务。他提出辞职后，包括普拉特纳和阿波特克在内的高层管理人员对他极力挽留，他们向尤索夫保证，如果他留下来，他将很快进入 SAP 的最高管理层，即由 7 人组成的执行委员会。

尤索夫成功的职业生涯追随了数十年前一个小团队在福特汽车公司的发展轨迹，即利用分析人员的职位建立权力基础。第二次世界大战之后，在五角大楼工作过的一个小团队整体进入了一家公司。这个训练有素的小团队由一些非常聪明的年轻人组成，他们曾为战争提供过分析支持。这些人认为他们能在一家企业里产生直接而重大的影响，他们所选择的企业就是福特汽车。当时福特汽车公司由年轻的、缺乏经验的亨利·福特二世（Henry Ford Ⅱ）领导，公司内部腐败猖獗，工会问题麻烦不断，基本上没有进行财务控制，整个就是一团糟。

这些所谓的“神童”进入财务、会计和控制部门中。他们的分析才能既不适合交际应酬的销售工作，也与混乱脏污的厂区格格不入。此外，他们都不了解汽车制造行业。虽然他们的非正式领导者特克斯·桑顿（Tex Thornton）离开了福特，去了休斯飞机公司（Hughes Aircraft），后来又创立了利顿工业公司（Litton Industries），但包括罗伯特·麦克纳马拉和阿杰伊·米勒（Arjay Miller）在内的其他人最终晋升到了公司的高层，并影响了很多大公司的整整一代管理者。来自福特财务部门的宠儿，最终在施乐公司、国际收割机公司以及其他重要的大公司担任了要职。

“神童们”在福特公司的职业生涯大获成功，尤其是麦克纳马拉，他成了第一个被任命为公司总裁的非福特家族成员。他们的成功取决于几个因素。

- 第一，他们从著名大学获得了高级学位证书，成了精英人士。亨利·福特二世没有完成大学学业，当时福特汽车公司处于风雨飘摇的困境之中，他面临着扭转这种局面的艰巨任务，而“神童们”的学位背景给他留下了深刻印象。
- 第二，“神童们”的分析才能以及他们提供的数字，至少在表面上为这个混乱的公司提供了合理性和确定性。
- 第三，财务人员们使用了华尔街和金融市场的语言，甚至是在20世纪50年代，当福特成为一家上市公司时，华尔街和金融市场就显得非常重要。埃德·伦迪（Ed Lundy）是财务副总裁，也是麦克纳马拉的盟友，如果麦克纳马拉做出了某个决定，他就会以权威的口气指出这会对股票价格产生什么样的影响，而且他的意见总是会占据上风。

◆ 第四，财务人员在花钱时十分保守，他们没有乱花福特的钱。麦克纳马拉和他的同事减少了浪费和内部腐败，增加了利润。亨利·福特二世在见到这样的初步成效后，也变得越来越倾向于规避风险。

财务部门之所以能掌握实权，最重要的原因也许在于他们在重大决策中发挥了核心作用。比如，需要把钱花在对工厂进行现代化改造上面吗？应该对新产品的开发投资吗？财务人员不仅参与这样的决策，而且他们提供的标准和数据是最重要的考虑因素。财务部门曾在每个工厂里安置人员，以搜集信息并监察状况，这是为了确保这些人员对财务部保持忠诚，财务部定期让他们轮岗回到总部，并告知他们总部会决定他们的职业生涯。财务部还把一些人安插到公司的其他部门，以扩大其影响力，并渐渐控制了整个公司的议事日程和信息流。财务副总裁埃德·伦迪的手下甚至掌控了绩效评估过程和决定工资调整和晋升的评级过程。因此毫不奇怪，财务人员和那些忠于财务部的人获得了更高的评级：“在公司的人员履历表上，他们会用绿色标记出谁是优秀员工。伦迪手下的很多人都被评为优秀，这不仅因为他们聪明，而且还因为他们互相给对方评级。”因为财务部门产生的是数字，而不是汽车，这就在很大程度上避免了遭受批评。财务人员不需要制造或出售任何东西，只要让亨利·福特二世保持心情愉快，并让他们的对手处于防御状态就可以了。

部门权力的重要来源

“神童们”和福特公司财务部门的例子说明，**部门权力的来源之一在于部门凝聚力**。在福特公司财务部门中存在着一些仪式、规范，比如在会议上使用高架投影机、准备预制报表、收集文章和信息等，这为公司里崭露头角的年轻管理者们提供了类似于军队训练一样的机会：传授一些具体的技巧和知识；但更重要的是，通过分享经验建立起沟通和信任的纽带。大家同心同德、协调一致地共同行动，是部门权力和影响力的重要来源。这就是为什么军队会用团体凝聚力来评估领导者，以及为什么团体体育项目教练会致力于培养统一的行动和决心。

部门权力的另一个来源，则是提供关键资源的能力。比如金钱或技能，或者是解决组织性问题的能力，这两个方面的研究都已经持续了几十年。当竞争因素的紧要程度发生变化时，就会出现不同的问题，并且资金的来源也会发生改变，因此自然也就改变了权力所在的部门。加州大学伯克利分校的社会学家尼尔·弗里格斯坦（Neil Fligstein）对大公司总裁们的背景进行了研究，其结果成为这一过程的良好佐证。

大家同心同德、协调一致地共同行动，是部门权力和影响力的重要来源。

在1900年左右，占据总裁职位的人是创业家们。之后，企业的领导者常常拥有制造和生产背景，因为随着大型工业企业和全国性市场的出现，企业所面临的最重要任务是解决生产和工程问题。从20世纪20年代开始，直到30年代，CEO往往来自营销和销售部门，因为产品和服务的销路问题取代生产问题成为一个更严峻的挑战。最后，从60年代起，CEO开始具有了财务背景。这个现象在七八十年代日益普遍，它反映了资本市场的力量在不断增长，人们一致认为股东利益是衡量组织成功的最重要标准，并且认为公司需要与金融界建立牢固的关系。

齐亚·尤索夫之所以能成功，福特汽车公司财务部门之所以能掌权，都得益于**他们在这两家公司所面临的变化中占得了先机**。尤索夫进入 SAP 时，SAP 所面临的问题不是如何设计软件，因为 SAP 拥有很多才华横溢的工程师和软件设计师，而且它的竞争对手也是如此。问题是，大多数瞄准目标客户的大公司都已经购买了 SAP 的或其竞争对手的企业资源计划系统（ERP）。因此，SAP 公司为了继续成长，就需要为中小型企业设计它们可以方便购买和使用的 ERP 系统，这就需要有新的策略和营销方式。企业咨询小组是 SAP 第一个覆盖全公司的战略部门，它能够提供战略重点和策略改变所需的数据。

另一个增长途径是建立或出售一些应用程序，这些程序可以把这些企业 ERP 系统中的大量原始数据转化成商业智能和具体业务问题的解决方案。SAP 的应用程序开发者将使用 SAP 的平台来创建和销售定制的应用程序，就像苹果公司 iPhone 手机的应用程序开发者所做的一样，因此尤索夫开发并运作的生态系统部门非常重要。而且由于 ERP 市场的竞争日趋激烈，定价、营销策略和以用户为中心的设计都变得更加重要。所有这些变化都令尤索夫的技能、他建立的部门以及他所开发的人际关系更加重要。尤索夫曾这样描述他和 SAP 的一些同事的相互作用和重要性："你了解软件的设计和开发，很好，你得 2 分。至于如何去销售软件，从这些软件中赚钱，则我得 2 分。"事实上，哈索·普拉特纳已经意识到 SAP 内部所需的技能上的变化，这就是为什么他鼓励公司引进具有不同背景和更广泛背景人才。

同样，当“神童们”初入福特时，他们面对的是一个年轻的CEO和一个失控的公司。当时福特公司最核心的问题在于会计和控制，以及用财务纪律约束这个大企业。人们现在已经不太记得那个时候的情况了，第二次世界大战之后的20世纪40年代，人们会购买工厂制造出来的任何车辆，甚至到五六十年代也是如此，美国三大汽车制造商占据了整个汽车市场份额。当汽车业的创新开始集中在一些局部细节上时，设计和工程就不再是关键问题了；而且，尽管这个行业一直具有周期性，但销售技巧已没有那么重要了。当“神童们”到达福特公司的时候,财务和商业教育正蓄势待发，即将进入一个持续扩张期。在福特公司，一个人如果受过高等教育，并擅长分析，他就相当于站在了这个新兴世界的中心。

尤索夫和福特公司财务人员的才华和能力固然非常出色，但他们都大大受益于在正确的时间出现在了正确的地点。在尤索夫的案例中，存在一定的运气因素，但作家大卫·哈伯斯坦姆对“神童们”进入福特汽车公司的描写，说明他们曾经进行过大量的战略性思考，研究哪个公司能为他们这个团队提供最好的发展机会。

衡量部门权力的3大要素

无论是策划你职业生涯中的下一步行动，还是了解你需要影响谁以便做成某件事，对组织中的职场政治做出诊断始终是有用的。英国教授安德鲁·佩蒂格鲁（Andrew Pettigrew）调查了购买计算机决策中的权力互动，他指出，理解决策过程中的权力分配，对影响决策过程非常重要。卡内基梅隆大学教授大卫·克拉克哈特（David Krackhardt）分析了一个小型创业公司中的权力构成，他发现，对公司的权力分配和影响力网络认识最为准确的人，掌握的权力也更大。可见，权力分布诊断技术非常有用。

任何事情，如果用单一的衡量方法或单一的指标来测量，就会有误差。这就是为什么一个好医生在诊断疾病时，通常会用到多种检测方式，并考虑多种症状，而不仅仅是测量你的血压。在诊断部门权力时同样也是如此。任何单一的指标都可能会产生误导，但是如果很多指标都指向一个一致的答案，那么你就会有更大的把握。根据我多年来的经验，我认为要找出最有实权的部门，以下指标可以提供相当不错的线索。

相对薪酬

各部门的起薪与高级职位的薪酬显示了相对权力。在前面提到的公用事业研究中，如果一个人在权力更高的部门开始他的职业生涯，他的起薪会比其他人高出大约6%。虽然这个差异看似很小，但这家公司是在聘请新晋的管理者，令其接受较为标准化的培训并进行最初的轮岗计划，因此任何差异都有些出人意料。几年前，有人对不同国家、不同部门的最高级领导者，即“首席”高管进行了调查。数据显示，在德国，研发部门的薪酬最高；在日本，研发部门以及人力资源部门的薪酬最高；而在美国，薪酬最高的则是财务部门。这些相对薪酬水平显示了不同部门的权力，也说明在不同的国家中，部门之间的权力分配也有所不同。

办公室位置和设施

办公室的位置接近掌权者，这既显示了权力，也利于通过增加与掌权者的接触而获得权力。几年前，一些学生拿到了太平洋煤气电力公司总部各个部门的分布图。这家公司为北加州大部分和内华达州部分地区提供电力和天然气。随着时间的推移，工程部门办公室在大楼中的位置在下降，而律师和财务部门办公室的位置在上升。最后，工程部门搬到了离旧金山总部几公里以外的地方。与此同时，律师和财务人员在高级管理人员中的比重也在上升。

办公室的位置非常重要，因此在一个人政治命运兴衰之时，往往会花费重金搬迁和重新装修办公室。在像白宫这样高度政治化的地方，情形尤为如此。正如理查德·尼克松总统的法律顾问约翰·迪恩（John Dean）所说："成功和失败可以从办公室的大小、装饰和位置中看出。一个人搬迁到一个较小的办公室，他就是在走下坡路。如果有装修工在某人的办公室忙碌，这确定无疑是一个好迹象，表明他的事业现在蒸蒸日上。"

我曾经参观过一个朋友的办公室，他当时是一家大银行的培训主管。这位朋友的办公室距离企业总部有几条街远，在一栋破烂的建筑里，窗外是空调机组。当我到那里时，他说："我来向你介绍一下这家银行里的培训状况。"其实他没有必要介绍，他的办公室就说明了一切。他很快就因为找到其他工作而离职了，因为他发现，这家银行当时确实不怎么关心培训工作。

在委员会和高管层中的位置

要看财务部门的权力有多大，一个方法是看部门主管的年薪。但还有另一种方式，就是看看除了CEO外，谁是最有可能进入公司董事会的内部人员。在很多情况下，尤其是在董事会用外部人士替代内部人员时，财务主管是唯一在董事会上出现的内部管理人员。这就展示了财务部门的相对权力。

公司高管的背景也是如此，特别是CEO以及首席运营官的背景。要看软件公司SAP的权力迁移，一种方法是看齐亚·尤索夫职业生涯的成功，另一种方法则是看最近任命的 CEO 利奥·阿波特克，他具有销售背景，是第一个领导公司的非技术人员。曾经有一段时期，医院是由医生们掌管的。而现在的医院更有可能是大型连锁医院的一部分，而管理这些连锁医院的是具有商业和管理背景的人，所以说医疗环境的变化带来了掌管者权力结构的变化。本章前面讨论过尼尔·弗里格斯坦关于 CEO 背景的研究，这个研究很有趣也很重要，因为它反映了随着时间的推移，权力在不同业务部门中的迁移。**组织内各部门的权力大小不仅体现在办公室的位置上，而且也体现在握有实权的委员会比如高管层的构成上。**你需要注意那些拥有了体现实权位置的部门，这为找到组织里的权力所在地提供了重要线索。

选择未知的风险还是激烈的竞争

现在你面对的是一个两难的局面：进入有实权且较大的部门，你就会在收入和职业生涯上占有优势；然而正是因为这个原因，会有很多人才都想进入最有实权的部门。很明显，在 20 世纪 60 年代，福特公司的财务部门不仅可以通向福特内部的高级职位，也可以通向其他一些公司的高级职位，这些公司会到福特的财务部门招聘人手，因此财务部门会选择那些来自最好的商学院的最优秀毕业生。对财务部门而言，这种情形有助于保持部门的权力，这是件好事；但是对个人来说就意味着更激烈的竞争，对他们而言，这就未必是好事了。

早期进入 SAP 公司咨询团队的人，包括尤索夫在内，都在这个对 SAP 而言重要的新业务部门中成了有价值的先驱，并在高管层中享有广泛的知名度。很多人从咨询团队出来后，担任了 SAP 公司的其他重要职位。而从一开始，企业咨询团队的既定目标之一，就是成为来自不同学科人才在SAP发挥作用的切入点。但是过了一段时间后，新奇的事物就成了家常便饭，今天进入SAP公司的人，如果他们从企业咨询团队开始自己的职业生涯，那最后是否也能获得同样的优势就很难讲了。

一个选择是开拓一条新的道路，就会面临未知的风险；另一个选择则是去成熟的领域，但会面临更激烈的竞争。这种类型的利弊权衡也出现在商业中。当苹果公司在20世纪70年代末推出第一台个人电脑的时候，它没有竞争者，正如史蒂夫·乔布斯指出的那样，有些企业往往认为这些产品太小，不足以承担重要的功能。现在，虽然小型计算机这个产品类别的合理性已经不容置疑，但它却成了一个高度竞争的市场，很多企业巨头已经参与到了这个市场的竞争中。

你对这个两难问题会做出怎样的选择，取决于你在多大程度上是组织内部的创业者还是风险承担者；这也取决于你是满足于随波逐流，还是更愿意成为领先的弄潮儿，还是仅仅甘于做一只井底之蛙。

安·摩尔（Ann Moore）于2002年成为时代公司董事长和CEO，她经常被《财富》杂志列为商业界最有权力的50名女性之一。摩尔20世纪70年代末毕业于哈佛商学院，她没有像她的同学们一样进入咨询公司或投资银行业，而是选择加入时代公司的财务部，这份工作是她收到的所有工作录用中薪水最低的一个。第一年她做的是典型的工商管理硕士金融分析师的工作，然后摩尔开始在这个杂志集团中寻求核心职责。她调入了《体育画报》（*Sports Illustrated*）。当时，有线电视（包括HBO）看上去似乎很有发展前途，而杂志业务已被视为日薄西山。摩尔开办了一份儿童体育杂志，后来进入《人物》杂志，1993年她成了这份杂志的总裁。她让《人物》本来就不俗的业绩更上一层楼。

摩尔职业生涯的成功，可以归功于令夕阳产业再次朝气蓬勃的事实，而为体育杂志这样一本男性杂志工作也令她大获知名度。由于有着不走寻常路的胆识，摩尔的职业生涯前景更为光明。

进入福特公司财务部门、伊利诺伊大学物理系、时代公司的有线电视部门，或是 SAP 公司的咨询部门，在这些案例中，即使是在较晚的时候进入，只要这个部门依然大权在握，它就能保证你会拥有良好的职业生涯，不管是在职位上还是在金钱上都是如此。但是，如果你想从一般人中脱颖而出，那么在其他条件相同的情况下，进入存在更多新机遇的其他部门会更加让你在职业生涯中大有斩获。比如尤索夫进入了生态系统部门，从而在职业生涯中获得了更大的成功，最近他甚至离开 SAP 去追求其他新机会。

这种风险收益权衡存在于无数商业领域中，就其本身而言，它没有正确或直接的答案。不过，无论你的选择是什么，如果你不仅去了解目前哪些部门最有实权，而且也思考一下权力将会向哪些部门迁移，你都将会得到更好的结果。通过留意特定的业务及其环境，从而预测权力的流向，这种预测方法是有效的，但是它既不完全准确，也并不容易掌握。

由斯坦福大学的计算机科学家创建的思科公司是一家网络设备设计及制造商。最初，公司权力都掌握在工程师以及开发和制造公司首批产品的技术专家手中。1994 年，迈克·沃尔皮（Mike Volpi）从商学院毕业，他拒绝了麦肯锡、贝恩资本和微软的工作机会，进入了思科公司的业务发展部门。情况越来越明显：思科不能也不会发明所有的必要技术来保持其市场领先地位。当时执掌思科公司的约翰·摩格里奇（John Morgridge）已经进行了第一次大型收购，即在 1993 年收购了克里森多通信公司（Crescendo）。不久之后，思科进行了大量的并购，在 1993—2000 年，收购了约 70 家公司。2001 年，沃尔皮和他的业务开发团队并购的公司所创造的收入占到了思科总收入的 40%。

就像在很多公司一样，思科也是由业务发展部门负责并购活动。沃尔皮通过培养业务发展部门的内部能力，减少对投资银行这样的外部顾问的依赖，在很短的时间内，沃尔皮和他的同事们就在思科拥有了相当大的权力。到21世纪初，沃尔皮成为公司最高管理层四名成员之一，尽管他还比较年轻，缺乏经验与技术。还有其他一些高管人员，他们中的某些人拥有银行或咨询业背景，这些人在业务发展部门辉煌的早期就已进入，并参与了它的成功发展过程。要抓住这个机会，就需要了解企业获取外部技术的需求，并认真开展初步行动，然后进行一系列的兼并和收购。迈克·沃尔皮1994年加入思科的业务发展部门时，这个部门只有两个人，他进入了这个迅速扩张的战略性业务部门，并且在高管层和董事会中享有了极大的知名度，因为最终讨论并批准各项收购提案的是董事会。如果你在较晚的时期加入这个部门，那么你在职业生涯中获得的优势也会相对较小。

在这一章中，我们探讨了为什么不同部门拥有的权力大小不同，以及这对你构建权力基础意味着什么。在下一章中，我们将要探讨的主题是：一旦你决定了你想去的部门，你如何得到这个工作或机会呢？

第 04 章

成为最引人注目的那一个

知道你想要去的地方非常重要，但更重要的是，能够得到你想要的。要启动或重新启动你的职业生涯，需要培养提出要求和脱颖而出的能力和意愿。如果你不这样做，那么你就把机会留给了竞争对手！

基思·法拉奇是畅销书作家、营销大师，也是巡回演讲的明星。1992 年他从哈佛商学院毕业时，同时收到了麦肯锡和德勤两家咨询公司的录用通知。帕特·洛康托（Pat Loconto）是德勤咨询公司的前主管，他回忆说，法拉奇在接受录用之前，坚持要见“头儿”。于是一天下午，洛康托和法拉奇在纽约的一个意大利餐厅碰了面：“我们在这家餐厅喝了几杯饮料后，法拉奇说，他愿意接受录用，但有一个条件，就是他和我每年在同一家餐厅共进晚餐一次……我答应了他这个条件，就这样我们聘用了他。这是他的技巧之一。他正是利用这些技巧，登上了职业生涯的顶峰。”

没有多少人会勇敢地要求与公司老板谈话，也没有几个人敢要求与负责人每年共进一次晚餐。他们会害怕被拒绝，或害怕显得傲慢大胆，或害怕引起谣言，而且这也并不是招聘过程中的普遍做法。在上一章中，我们看到了，**知道你想要去的地方，即知道你想去的部门和想寻求的权力之路非常重要，但更重要的是，要能够得到你想要的。**就像法拉奇的故事和本章将讨论的研究结果所表明的，要启动或重新启动你的职业生涯，需要培养提出要求和让自己脱颖而出的能力和意愿。人们通常不会因为自己想得到某种东西而提出要求，而且会害怕显得太引人注目，因为他们担心其他人可能讨厌或不喜欢他们的行为，担心让人觉得他们是在自我吹嘘。你可能以为得到大家的好感，才能创造你的权力之路，但你必须抛弃这样的想法，并且必须有意愿向前迈进。如果你不这样做，谁会这样做呢？

已故的雷金纳德·刘易斯（Reginald Lewis）是一位成功的非洲裔美国人，他是一名企业律师，也是并购公司 TLC 集团（TLC Group）的创始人。TLC 集团在 20 世纪 80 年代初购买了麦考尔图样公司（McCall Pattern Company），在刘易斯的努力下，这家公司给投资者的回报达到了 90 倍。TLC 集团后来收购了碧翠丝食品公司（Beatrice Foods），这是第一家营业收入超过 10 亿美元的并由黑人拥有的公司，它让刘易斯成了美国最富有的人之一。

但是，在 1965 年的时候，刘易斯还没有在哈佛大学学习国际法律，马里兰州也没有一家非洲裔美国人历史博物馆以他的名字命名，而且刘易斯也还没有在美国商业史上占有突出的地位。当时刘易斯只是一名年轻人，住在巴尔的摩一个治安很差的小区里，他从弗吉尼亚州立大学毕业，想去哈佛大学法学院读书。在那年夏天，他参加了哈佛大学法学院的一个项目，这个项目由洛克菲勒基金会资助，旨在培养高潜力大学生对法律的兴趣，并帮助他们为申请过程做准备。然而，问题来了——这个项目有这样一个规则，即哈佛大学法学院不会考虑录取这个项目的参加者。此外，刘易斯既没有参加法学院的能力倾向测试，也没有申请进入哈佛大学法学院，但他想那年秋天就进入这个学院。

刘易斯在夏季项目中表现得非常出色，他投入了巨大的努力，在模拟法庭审讯中显得十分引人注目，以至于在 30 年后，教授们仍然津津乐道于他当时的表现。刘易斯去见哈佛大学法学院的教授们，之后又去见院长，他很有说服力地向这些教员表示，“雷金纳德·刘易斯和法学院之间的关系会在各个层面都对双方有益”。在夏季结束时，刘易斯被哈佛大学法学院录取，成为该学院有史以来唯一在填写申请书之前就被录取的人。

刘易斯和法拉奇都了解，如果提出某个要求，最坏的可能性就是被人拒绝。如果他们被拒绝，那又会怎样呢？情况也不会比原来更糟糕，如果他们一开始就没有提出要求，或者如果他们被拒绝，他们都不会得到他们想要的东西，但提出要求至少还有一些希望。有些人认为可能会出现更糟糕的情况：即他们的大胆举动可能会得罪人，他们可能会得到一个“坏名声”，但这种情况可能并不会出现，我们将会在下文中看到这一点。

提出你的要求

提出要求，常常都会起作用。我班上的一名学生在看过基思·法拉奇的案例后，决定向他咨询公司的老板提出每年共进一次午餐。结果，那位老板不仅同意了，还主动提出了每月共进一次午餐，并自告奋勇当这位学生的导师。洛根在德勤咨询公司工作，该公司目前正在重组。洛根才华横溢，在亚特兰大办公室享有良好的声望，但他的新老板并不认识他。当新老板计划到亚特兰大与大家见面，花 30 分钟相互认识时，洛根给新老板打电话说，既然反正都要吃午饭，何不跟他共进午餐呢。新老板同意了，洛根也利用这个机会与他的新老板建立了一种积极的个人关系。

不要低估说“不”的代价

人们经常会避免请求别人帮忙。第一，请求帮助与美国强调的自力更生精神不一致。第二，人们害怕被拒绝，因为遭受拒绝可能伤害他们的自尊心。第三，提出要求是基于获得同意的可能性，如果你确定答案会是“不”的时候，为什么要提出每年碰面一次或共进晚餐的要求呢？

问题是，人们低估了别人提供帮助的可能性。这是因为人们在考虑提出要求的时候，往往把重点放在给他人带来的成本上，而没有充分考虑对方说“不”的代价。首先，拒绝提供帮助，会违反社会倡导的一种隐含规范，即表现得“乐善好施”。你愿意被视为慷慨的还是吝啬的呢？其次，拒绝别人亲自提出的要求是尴尬的。我们从小受到的教育就是要慷慨，所以我们倾向于答应别人的要求，这几乎是自动的反应。再次，对一个请求帮助的人说“是”，这会巩固提供帮助者的权力。指导别人、答应别人共进晚餐或为别人开门，不仅会让别人依靠你、回报你，还有可能让别人成为你的忠实支持者，而且还意味着你可以为别人提供某种东西，而你也就拥有了权力。

斯坦福大学商学院教授弗兰克·弗林（Frank Flynn）和博士生瓦妮萨·莱克（Vanessa Lake）进行了一系列研究，调查人们在请求别人协助时，会在多大程度上低估对方同意的可能性，这些研究还说明了人们在请求帮助时觉得非常不自在。在其中一项研究中，参与者被要求估计：他们需要请求多少陌生人，才能让其中 5 个人填写一份简短的问卷。参与者的平均估计是大约 20 人。当实际开始请求人们填写问卷时，他们请求每 10 个人左右，就会有 5 个人愿意填写问卷。要求陌生人帮些小忙显然让人感到不自在，大约 1/4 的参与者都没有完成任务。这个比率非常高，因为在一般的实验中，大部分人一旦同意参加，基本上都会完成。

在另一项研究中，人们估计他们必须问 10 个陌生人，才会借到对方的手机来打一个简短的电话，而实际上，他们每问 6.2 次，就有 3 次获得同意。而且人们也高估了要问多少个陌生人，才会让对方同意陪他们走到 3 个街区外的哥伦比亚大学体育馆。他们认为至少得问 7 次，但平均值仅仅是 2.3 次。此外，请求别人陪同步行到体育馆显然让参与者感到很不自在，因为超过 25% 的参与者在同意参与这个研究后没有完成。

弗林和莱克的研究表明，人们在预测他人行为时的准确率非常低。我们很难用其他人的观点来看待这个世界。他们的研究还显示，向别人请求小恩小惠让人们感觉非常不自在。

请求即是恭维

提出请求之所以会起到作用，原因之一在于：**如果有人请我们提供建议或帮助，我们会感到荣幸。**很少有什么事情能像别人特别是有才华的人寻求我们的帮助一样，给我们带来更强烈的自我肯定和自我增强感。巴拉克·奥巴马刚进入参议院时，就是通过请求别人的帮助从而建立了人际关系。他向三分之一的参议员寻求建议，并让汤姆·达施勒（Tom Daschle）成为他的顾问指导。达施勒是民主党的前参议院领袖，当时刚刚在竞选连任中失利。奥巴马也向特德·肯尼迪（Ted Kennedy）和共和党参议员理查德·卢格（Richard Lugar）寻求指导。正如《纽约时报》中一篇关于奥巴马的文章所指出的："一个好学生的角色为他赢得了一些国会议员的喜爱。"如果你让你的请求尽可能地具有恭维意味，那就更有可能让别人答应你的请求。

伊尚·古普塔（Ishan Gupta）是一个正在奋斗的年轻人，他是印度技术培训机构阿平知识解决方案（Appin Knowledge Solutions）的联合创始人。当他在这家公司的权力斗争中败北后，古普塔进入了商学院。我认识他的时候，他还在商学院，20多岁，即将毕业进入就业市场。而2009年的经济衰退让就业形势十分严峻，但古普塔得到了好几个工作机会。古普塔善于建立人际关系网络，也善于让自己显得才华横溢、前途远大。特别是在印度，通过编著一本关于创业精神的书，古普塔做到了这一切。虽然印度有很多成功的大型高科技企业，比如Infosys和Wipro，但到现在还没有形成创业文化。

古普塔的书之所以有趣，不在于其内容，而在于推荐者和各章节的作者。作者中包括 hotmail 的创始人沙比尔·巴蒂亚（Sabeer Bhatia），他创建的免费电子邮件服务 hotmail 在 1998 年被微软收购，交易金额据称达到上亿美元。封底的照片是古普塔和他的合著者站在阿卜杜勒·卡拉姆博士（Dr. Abdul Kalam）的两旁，而卡拉姆博士写的推荐语则印在了封面上，该书出版的时候，卡拉姆博士正任印度总统。书中包含 18 个极为短小的章节，由印度的著名企业家们写成。古普塔通过提出请求，让所有这些企业家们都知道了他这个人，而且他们还承诺至少为他的书写点东西。古普塔告诉我说，当他第一次与这些企业家联系写书一事时，他和他们中的任何一个人都并无私交，但是即便如此，在他联系的所有人中，只有四五个人拒绝了他。

古普塔请求这些人提供帮助的策略很简单，他先确定他希望哪些人参与这个项目，然后以一种增强他们自尊感的方式向他们提出请求。当然，一旦有知名人士答应，之后再接触的那些人就会因为被邀请加入这样一个杰出的群体而感到荣幸。

古普塔着重强调了以下几点：创业精神这个主题对印度经济发展有多么重要，他接触的这些人在创建生意上有多么成功，他们有多少智慧和建议可供大家分享，他们可以为其他人提供多少帮助；而且，古普塔自己也是一位企业家，像他们中的很多人一样，他也从印度理工学院毕业；他倾慕他们勇担风险开拓事业的行为，这种创业行动在当今的印度社会是如何不同寻常和充满勇气。然后，古普塔对他们进行了至高无上的恭维：他指出，如果他自己来写作书中的内容，没有人会认真对待这本书，而且他可能缺乏一些重要的见解，但如果他们能够提供帮助，这将会是一本更好的书，会有更多的人阅读它。同时古普塔也降低了人们答应他的请求的成本，他请求这些杰出和忙碌的名人只需写一两页，写几百个字，提出关键性的意见就可以了。人们其实喜欢提供意见，因为这能展示他们的智慧，古普塔把他的请求包装得非常出色。

如果你让你的请求尽可能地具有恭维意味，那就更有可能让别人答应你的请求。

古普塔做得聪明的地方之一，就是指出虽然他远远不如这些名人那么成功，但他也是一个企业家，毕业于印度理工学院。这一策略非常有效，因为研究显示，如果提出请求的人与自己有某种联系，即使是最不起眼的联系，人们也更有可能答应别人的请求。在一个实验中，有人请求参与者阅读长达 8 页的英语作文，并在第二天提供一篇整整一页的评论，当参与者相信请求者的生日与自己的生日是同一天时，他们答应这个请求的比例多出了几乎一倍。在第二项研究中，有人请求人们为囊性纤维化基金会（Cystic Fibrosis Foundation）捐款，当人们相信他们的名字和请求者的名字相同时，他们捐出的金额多出了一倍。

如果提出请求的人与自己有某种联系，即使是最不起眼的联系，人们也更有可能答应别人的请求。

如果你接触某个人，提出某个请求，比如帮你找工作，或像古普塔的案例一样，为你写作书中的部分章节，或是就重大事情提供建议，实际上你选择他们是因为他们拥有足够的资历和经验。在你提出请求的时候，要表现出你了解他们的重要性和智慧。社会心理学家罗伯特·西奥迪尼在他的畅销书《影响力》[①]中总结了一些研究结果，这些结果说明，**恭维可以有效地赢得别人的支持**。寻求帮助本来就是恭维，如果我们采取了正确的做

① 《影响力》简体中文版已由湛庐文化策划，中国人民大学出版社出版。——编者注

法，甚至可以让请求更加具有恭维性，比如你可以强调对方的重要性和业绩，并且指出你和他们之间存在的共同之处。

做引人注目的“基辛格”

在组织内部，人们为工作、晋升和权力展开了大量的竞争。你的成功不仅取决于你自己的工作表现，也取决于你能否让可以帮助你发展职业生涯的人愿意让你获得成功，能否让他们愿意助你一臂之力。要让人雇用你或提升你，就必须让他们注意到你。你需要做一些事情让自己脱颖而出。而要做到这一点，你就需要克服“枪打出头鸟”的想法，类似的话我听过无数遍；而且你还需要克服不愿意宣传自己的天生倾向。换句话说，**你需要建立个人品牌并宣传自己，而不是在这个过程中表现得过于羞涩。**

当奥巴马总统任命希拉里·克林顿为国务卿时，她是纽约州参议员，如此一来，纽约州州长大卫·帕特森（David Patterson）就必须找到一位希拉里在参议院的继任者。起初，几乎所有人都觉得他会选择卡罗琳·肯尼迪（Caroline Kennedy）。卡罗琳是遇刺的前总统约翰·肯尼迪的女儿，长期生活在纽约，她积极参与纽约市学校的活动和多种公共服务活动，比如在非营利性机构的董事会任职。卡罗琳曾试图尽可能地过平凡的生活，她没有准备好成为众人关注和品头论足的对象。但获得这个职位的竞争艰难而复杂，这让她感到措手不及，她不愿从事竞选活动，也不愿意进行获得职位所需的自我宣传。卡罗琳最终决定不考虑这个职位，虽然原因有很多，但她的一个私人朋友，美国 MSNBC 电视台的政治分析家劳伦斯·奥唐纳（Lawrence

> 要让人雇用你或提升你，就必须让他们注意到你。

O'Donnell）评论说：

> 我们中的大多数人都有谦虚的倾向，不愿意吹嘘自己，你必须学会克服这种基本的人性倾向，敢于对别人说："我是最棒的，这就是你们需要找我来做这个工作的原因。"你必须毫不犹疑地这么说。

很多人以为，只有先获得成功，并赢得引导变革的权力以后，他们才能够大胆地挺身而出。但是当你变得成功而强大的时候，你就不再需要主动挺身而出，也不需要担心竞争了。**在你职业生涯的早期阶段，当你正在寻找初始位置时，你必须表现得与竞争对手不一样，这才是最重要的。**

> 亨利·基辛格曾是美国国务卿、国家安全顾问和诺贝尔和平奖获得者。1947年，他在哈佛大学读本科二年级，他的身边都是才华横溢的同学，正如沃尔特·艾萨克森（Walter Isaacson）在他的传记中所描述的，基辛格在那时获得了行政管理系重量级人物威廉·埃利奥特（William Elliott）的支持。基辛格的学习成绩很好，因此他有资格请一位教员担任他的导师，但是埃利奥特就像打发其他人一样，也指定基辛格去阅读25本书并完成一篇很困难的论文，在完成前不必再去见他。基辛格阅读了这些书并完成了论文，由此获得了埃利奥特的赏识。事实证明，埃利奥特的支持对基辛格的学术生涯非常重要。后来，基辛格写的学士学位论文长约383页，它直接导致了一项新规定的出台，即本科毕业论文不应超过100页，这个规则的非正式名称就是"基辛格规则"。在读行政管理系的博士学位时，基辛格表现得仿佛自己是一名高级教师。他事先定下约会安排，仿佛他的时间非常宝贵，并且总是晚15分钟到场赴约。这种行为和嚣张气焰并没有赢得他的同学的好感，但他为自己的不同凡响建立了声望，这部分是因为他确有真才实干，但部分也是因为他的行为方式令他在一帮同伴中显得相当出众。

但是，在个人主义倾向不如美国浓重、文化传统也比美国更为审慎的国家，这种引人注目的策略是否有效果呢？当然有效。我第一次听说“枪打出头鸟”这个俗语是在日本，但是在日本，索尼公司的联合创始人盛田昭夫也曾无视惯例：作为长子，他没有参与家里的清酒业务；作为父亲，他送他的孩子们去外国接受教育。盛田昭夫写书批判美国的商业模式，这在日本和其他地方得罪了很多商业同僚。他让索尼成为第一家在纽约证券交易所上市的日本公司；他的公司制造的产品，比竞争对手更小、更轻便。本田宗一郎是本田汽车公司的创始人，他以举动夸张而闻名。他曾向工作质量低劣的工人扔工具，并在 70 多岁的时候参加跳伞运动。

长谷川一郎（Kiich Hasegawa）建立了日本的普劳德富特咨询公司（Proudfoot），并将其建设成日本较大型的咨询公司之一。我从他那里学到的智慧是：即使是在或者尤其是在“尚未完工”的地方，也要脱颖而出。普劳德富特公司使用非传统的营销做法，比如在丰盛的招待会上请一位美丽的日本女小提琴家进行演奏，而且长谷川一郎的行为常常显得不审慎，他直言不讳地对自己的客户，甚至是潜在客户讲述公司的问题。当我就这些不寻常的做法问起他时，长谷川一郎这样形容他的营销策略：我们几乎是在引诱人们接近我和我的公司，让他们知道到底是怎么回事。要达到这个目的，一个方法就是表现得与众不同，因为这会引起人们的好奇，让大家感兴趣。长谷川一郎认为，正是因为他以及普劳德富特公司的行为方式与日本的常规方式不一样，他们才获得了成功。

对宣传产品有效的做法，宣传你也同样有效。

在广告行业中，引人注目、令人难忘的概念就是所谓的“品牌记忆度”（brand recall），这是衡量广告效果的一个重要指标。对宣传产品有效的做法，宣传你也同样有效，所以你也需要显得很有趣，令人难忘，并且引人注目，让他人想了解你、想接近你。

这个建议，就像本书中的很多其他建议一样，是建立在扎实的研究成果基础上的，但它显得与传统智慧背道而驰，并且打破了你认为应该遵循的行为“规则”。当然它打破了规则！正如马尔科姆·格拉德威尔（Malcolm Gladwell）曾深刻指出的那样，这些规则倾向于对制定这些规则的人有益，而这些人往往是已经获得了成功，拥有了权力的人。格拉德威尔说，一项研究结果显示，按规则行事，即按常规智慧行事，在从体育竞赛到战争的各种对抗中，都更有利于本来就更强大的一方；而以反常规的方式行事，即采用非传统的策略，则可以让资源处于劣势的一方取得胜利。

有一个课题研究了过去200年中实力不匹配的对手之间的战争，强大的一方获胜的比率为72%。但是，当弱势的一方了解自己的弱点，并使用了非常规策略，尽量减少这种弱点的影响时，他们获胜的比率为64%，这就让强大一方获胜的可能性减少了一半。正如格拉德威尔所指出的：**“当弱者选择不按巨人的规则玩游戏时，他们就赢了。”**因此，如果你已经拥有了你想要或需要的权力，那么你就应该采取一切手段，不仅确保自己遵循规则，而且也鼓励大家都这么做。但如果你仍然在通往权力的道路上，那么你就大可不必相信传统智慧和“遵循规则”那一套了。

谁说招人喜欢就能获得权力

人们有时害怕提出请求，害怕让自己引人注目，因为他们担心这会让他们变得不招人喜欢。的确如此，人们更可能为他们喜欢的人做事，招人喜欢也是人际影响力的重要基础，但这类研究有两个非常重要的限制条件。

- 第一，这类研究中的大部分都是在双方权力相对平等的情况下进行的，在这种情况下答应协助别人，主要靠自行斟酌而定。
- 第二，正如马基雅维利几百年前就在他的经典著作《君主论》（*The Prince*）中指出的，虽然让人们既害怕你又喜欢你是种很理想的状况，但是当你必须两者选其一时，如果想获得和保持权力，那就应该选择让人们害怕你。

马基雅维利的忠告与我们如何看待别人的社会心理学研究结果一致，这项研究发现，人们普遍使用两个指标来评估他人，即友好和有能力。问题在于，你要表现得自己有能力，那就显得强硬一点，甚至是卑鄙一点，似乎很有帮助。哈佛商学院教授特雷莎·阿马比尔（Teresa Amabile）曾研究过人们对摘录的图书评论的反应。阿马比尔发现，与做出正面评论的人相比，做出负面评论的人往往被视为更聪明、更有能力，即使独立的专业人士认为这些负面评价的质量并不见得更高。她的论文名为《聪明但却残酷》（*Brilliant but Cruel*），这个题目就说明了一切。其他研究已经证实了她的发现：招人喜欢的人被认为是温暖人心的，但友好也往往被认为是软弱甚至是缺乏才智。

康多莉扎·赖斯（Condoleezza Rice）在小布什政府中担任国家安全顾问。在进入政府部门之前，赖斯在斯坦福大学担任教务长，当时的校长是格哈德·卡斯珀（Gerhard Casper）。在斯坦福，人们认为她是绝不应当冒犯的人。正如雅各布·海尔布伦（Jacob Heilbrunn）所说："赖斯削减预算，挑战反

招人喜欢的人被认为是温暖人心的，但友好也往往被认为是软弱甚至是缺乏才智。

歧视行动的支持者……她的直率作风让很多学生和教员对她产生了敌意。正如赖斯对一个门徒所说的，她的信条就是：**‘人们可能会反对你，但是当他们意识到你可以伤害他们时，他们就会加入你这一边。’”**

“招人喜欢”可能会带来权力，但权力一定会让你招人喜欢

康多莉扎·赖斯说得很正确，如果你有权力，并且愿意使用权力，人们就会加入你这边，不仅因为他们害怕你伤害他们，也因为他们想接近你，想和你的权力与成功扯上关系。有大量的证据显示，人们希望和有实权的、成功的机构和人物沾亲带故，希望能沾一点光。

对于这种现象，社会心理学家罗伯特·西奥迪尼和同事们几年前曾进行过一次出色的研究。西奥迪尼任教于亚利桑那州立大学，这所大学拥有一支一流的橄榄球队，但也不是所向无敌。在一个普通的赛季中，这支球队可以赢得一些比赛，但不会赢得所有的比赛。这就为亚利桑那州立大学进行的一项研究提供了绝佳的机会：这支球队在周六赢得或输掉了比赛，对在下周一时学生穿着带有学校标记的服装有什么影响。他们的研究发现，当球队获胜而不是输掉比赛时，穿着与学校标志有关的服装的人会更多，比如颜色、字母、名称或其他标记。他们还发现，如果一个团体获得成功而不是失败的时候，人们更倾向于使用代词“我们”来指这个团体。

记住这个教训

这项研究显示，人们对你的支持，除了取决于你的魅力或能力之外，也取决于你是否“获胜”。

作家加里·韦斯（Gary Weiss）曾写过关于蒂莫西·盖特纳（Timothy Geithner）的文章，当时盖特纳担任纽约联邦储备银行总裁，职业生涯蒸

蒸日上，“美国政府和金融界中最杰出的人物、前美联储主席保罗·沃尔克和艾伦·格林斯潘，以及时任美林证券CEO的约翰·塞恩（John Thain）和前纽约联储主席杰拉德·科里根（Gerald Corrigan），都非常高兴和我分享这个年轻的政府官员的趣闻轶事”。但是当盖特纳被奥巴马任命为财政部长后，2008年秋的金融危机改变了一切，盖特纳面临的麻烦随着经济危机的加剧也越来越棘手：“当我为了写一篇新文章而接触他们，想知道他们如何为陷入困境的朋友进行辩护时，他们的反应就变得大不一样了。”

是否招人喜欢与雇用某人帮助你发展业务没有什么关系。重要的问题在于“他们是否对你有所帮助”。

不是喜欢你才会联系你

我曾在佛罗里达州的一个会议中发表演讲，晚餐时，我坐在哈佛商学院1992届的一个毕业生旁边。我问他是否认识同一年毕业的基思·法拉奇。他回答说：“当然认识。”他和法拉奇并不是私交甚密的朋友，而且据他说，法拉奇在哈佛商学院的同学中并不太受欢迎。我问的下一个问题是：他是否聘请了法拉奇为他的公司做在线营销咨询？他回答说：“当然。是否喜欢某人和雇用某人帮助你发展业务没有什么关系。重要的问题在于‘他们是否对你有所帮助’。”

这种对个人关系工具主义的看法并不少见，它甚至可能对组织生存来说很有必要。克拉伦斯·托马斯（Clarence Thomas）的最高法院大法官提名听证会曾广受关注，阿妮塔·希尔（Anita Hill）在听证会上指控托马斯对她进行性骚扰。人们经常会问的问题是：如果她对此感到非常不舒服，而托马斯也确实对她做出了不当行为，那么为何她还要继续和他来往？在一本关于托马斯的书中，简·迈耶（Jane Mayer）和吉尔·艾布拉姆森（Jill

Abramson）提供了一个可能的答案：

> 希尔选择不中断与托马斯的联系，是因为这有助于她的职业生涯。在希尔所在的领域中，托马斯拥有非常大的权力，甚至有可能是权力最大的非洲裔美国人……不管希尔喜不喜欢，在专业领域中她都无法避免和托马斯接触。是强装笑脸，还是把这个问题挑明，这取决于她自己。

研究表明，**态度是随着行为而产生的**。我们以某种方式行事，比如当需要某位对手的帮助时，我们向他表示友善，随着时间的推移，我们就真的产生了这样的态度。有很多理论试图解释这种效应，其中一种是自我认知机制，它认为，人们通过看到自己的所作所为而推断自己的态度，正如密歇根大学教授卡尔·韦克（Karl Weick）所说："当明白我说了什么时，我就了解到自己真正是怎么想的了。"还有一种是利昂·费斯廷格（Leon Festinger）的认知失调理论，它认为人们会寻求避免矛盾，而一种避免矛盾的方式就是调整自己的态度，让它与自己的行为一致。这意味着，如果人们和实权人士往来，是因为需要他们帮忙做某些事情，或是需要他们在自己的职业生涯中帮忙，随着时间的推移，我们就会更喜欢他们，或至少是原谅他们的不修边幅。当我们选择和哪些人往来时，一个重要的标准就是：他们是否对我们的职业生涯和工作有帮助。

当我们在选择和哪些人往来时，一个重要的标准就是：他们是否对我们的职业生涯和工作有帮助。

敌人也可以成为密友

从经济学到心理学，很多领域中的个人行为理论都是以享乐主义原则为基础的。这个原则是指，我们倾向于寻求快乐并避免痛苦，不仅对于我们的记忆、我们的人际关系如此，对生活中的所有其他方面也是如此。所以，**随着时间的推移，我们会忘记人际交往中痛苦的细节，**就像一些女士告诉我说，她们忘记了分娩的痛苦。虽然我们会记得，在经历外科手术时，我们曾经感到痛苦，但这一记忆的强度和特殊性很快就会消退。同样，我们也会原谅别人的轻视以及给我们带来的伤害，而如果继续保持与他们往来，就特别容易原谅他们。当然，如果他们有权有势，我们也就更有可能和他们保持往来。随着时间的推移，即使是最容易发生争吵的对头也可以成为亲密的朋友。

20 世纪 20 年代，罗伯特 · 摩西（Robert Moses）是纽约市的建筑师和城市规划师，他的职业生涯开始于长岛公园事务主管一职。摩西利用一个法律漏洞，获得了名为泰勒地产（Taylor）的一块土地。金斯兰 · 梅西（Kingsland Macy）当时是股票经纪人和一家公司的成员，这家公司对这块土地也有兴趣。于是梅西与摩西针锋相对，在法庭上展开了辩论。梅西坚信，如果摩西的权力不受限制，那么所有人的家庭就都没有安全保障了。几年后，梅西财力枯竭，终于在这件事上做出让步。随后梅西进入政界，铁腕控制萨福尔克县的纽约州共和党组织几十年。两个之前针锋相对的敌人变成了亲密的朋友。

在梅西手握大权之后，罗伯特 · 摩西需要他的帮助，于是主动向他表示了友好，梅西接受了。虽然两个人的个性都很强，常常会发生冲突，但在 30 多年中，这两个一度在职场政治上很“业余”的人一直都是亲密的盟友，甚至亲密到了这样的程度：1962 年，遭受癌症折磨的梅西知道他将不久于人世，除了直系亲属以外，摩西是他唯一愿意见的人。

引人注意可以帮助你获得你需要的位置和权力。你应该为你想要的东西提出请求，并且在为自己构建权力之路时，不要太在乎别人怎么看你。但是，要获得和行使权力，就需要资源来奖励你的朋友和惩罚你的敌人，需要信息和门路来促进你在组织中的升迁。因此，下一章我们将探讨如何获得资源，即便表面看上去你好像什么资源都没有。

第 05 章

谁拥有资源，谁就有权力

构建权力的基础是一个过程，需要随着时间的推移逐步积累影响力和对资源的控制力。重要的是，你必须看到其他人可能会错过的机会，有时你甚至需要自己创造这种机会；而更重要的是，你需要有耐心和毅力跟进这些机会。

威利·布朗曾经两次担任旧金山市市长，在成为市长之前的16年里，他是加州议会议长和手握实权的人物。布朗办事极有效率，他以筹集资金作为自己竞选议长一职的第一步。由于布朗来自一个“安全的”选区，他把筹得的资金提供给立法机构的同僚们，帮助他们在各自的竞选中获胜。布朗明白一个重要的道理：只有当你策略性地利用资源来帮助你所需要的人时，你才能获得他们的支持，资源也才会成为权力的重要来源。与布朗形成对照的是当时的议长利奥·麦卡锡（Leo McCarthy），此人借用特德·肯尼迪的号召力在洛杉矶举办了一个募资活动，然后把筹得的50万美元全部用到了自己竞选州政府职位的活动中。这一做法大大激怒了他的民主党同僚们，因此他很快也就下了台，而威利·布朗取代他成为议长。

实际上在所有的组织中，只要你控制了资金和人员，就拥有了权力。正如加利福尼亚州的前民主党党魁兼财务长官杰西·安若（Jesse Unruh）曾说，金钱是政治的最佳养料。

记者们在调查政府和团体的权力结构时，长期以来都坚守“紧跟资金流向”这一箴言。这样做是有道理的，因为研究证实，竞选募捐和政府官员的表决行为之间存在着相关关系，其中部分是因为立法人员会回报他们的支持者，部分是因为政治行动委员会（Political Action Committees）选择性地把资金提供给那些投票记录符合委员会意图的立法人员。正如我在第 3 章简要讨论过的一样，你控制了资源，就拥有了权力的一个重要来源，在政府与团体、营利性和非营利性组织的权力互动中，情况都是如此。你可以看到这种机制是如何在金融机构中随着时间的推移而发挥作用的：从更多的利润来自企业的交易活动，到交易让企业陷入财务困境时，投资银行家的权力也在逐步削弱，它又回到了那些负责更加传统、稳定、风险较小的业务的人手中。

在商界中，资源与权力指标之间的联系不胜枚举。例如，对企业高管薪酬的调查研究显示，公司规模和 CEO 薪酬的关系比业绩和薪酬之间的关系更大：在引起薪酬差异的因素中，企业规模占到了至少 40%，而业绩因素不足 5%。公司规模意味着 CEO 所控制的资源的规模，**而企业规模和薪酬之间存在正相关关系**，这就导致了高管们努力追求扩大企业规模，而不顾及其财务后果。与其他企业合并，建立规模更大的实体也属于这类行为，尽管大量调查研究一致表明，绝大多数并购案都有损于股东利益。组织规模和薪酬之间的关系也存在于各级员工队伍中，并出现在其他类型的组织里，比如大学和其他非营利性组织。

资源非常重要，因为你一旦拥有了资源，维护权力就成了一个自我强化的过程。大企业的 CEO 拥有更多的资源，因此他们可以高价聘请优秀的顾问，而这些顾问提出的措施也就会有利于雇用了他们的 CEO。拥有资金的人，或是对组织中的资金有控制权的人，可以进入各种营利性或非营利性组织的董事会，在那里，他们可以接触到具有商业和投资理念以及拥有社会和政治影响力的其他人士。这种接触可能会让他们控制更多的金钱和资源，因为他们获得了信息和机会，可以参与到其他的重要组织中，或者可以结识其他重要人物。他们也有可能进入咨询委员会，或者成为像外交关系理事会（Council on Foreign Relations）或世界经济论坛这样的精英组织的成员。他们在这些组织里获得的信息和关系又会进一步巩固其权力和声望。除此之外，最优秀、最有才华的人也希望与权力最大、掌握资源最多的人一起共事，因此，重要资源的拥有者又会在雇用勤奋聪明的人员方面占据优势，而优秀的雇员们又进一步深化了资源拥有者的成功。权力和资源会带来更多的权力和资源，这个古老的说法相当正确。而你的任务就是找到进入这个循环的方法。

权力和资源会带来更多的权力和资源。

资源是力量的源泉，这个道理看似简单却非常重要，它具有两个含义。**第一个含义是，你应该选择可以直接控制更多人员和更大预算的工作和职位。**通常这意味着，你要进入可以创造价值的部门，而不是消耗价值的部门，因为前者往往在雇用和预算方面掌握更大的控制权。

乍一看，SAP 公司齐亚·尤索夫在战略团队的职位和“神童们”在福特汽车公司的财务职位似乎不符合这个建议。但福特公司的财务职位负责将资金分配给各工厂和新产品开发进程，同时也控制着决定人员薪酬和晋升的绩效评价。而 SAP 的战略团队参与了公司大多数的重大战略决策，并且由于其拥有中立分析的地位，该团队在组织中的地位也举足轻重。此外，齐亚·尤索夫已经从战略团队转到了生态系统团队，而他的工作会给公司带来营业收入。

大多数猎头公司都会告诉你，在寻找包括 CEO 在内的高层管理职位的候选人时，他们希望候选人以前有过运作组织的经验，在其他条件相似的情况下，候选人运作过的组织规模越大越好。像 Hay System 这样的薪酬分析系统在确定薪资范围的时候，会考虑你直接和间接管控的人员数量，以及你无须经过上级授权就可以支配的资金数额，系统根据这些指标来衡量你所担负的责任和你的工作的经济价值。获得对资源的控制，是你通向权力之路的重要一步。

第二个含义是，你的权力在很大程度上源自你所在的职位，以及那个职位带给你的对资源以及其他东西的控制力。人们很容易自我感觉良好，以为别人对自己的尊重和恭维是源于自己具有的内在智慧、经验和魅力。这也许是事实，但并不常见。当你退休或离职之后，不再能控制大量的资源时，人们对你的关注和重视就会大大减少。

有一次，我与一位在风险投资公司工作的资深执行合伙人共进午餐。她的职业生涯一直都非常成功，那时她正要从公司辞职，与家人共享更多的时间。她跟我谈到，自从她宣布了退休的决定之后，她的同事们对她的态度就跟之前有所不同了，他们不再经常邀请她参加会议，也较少征询她的意见，不仅如此，高科技和风险资本业的同行们与她的往来也普遍减少了。她的智慧和经验并没有改变，唯一不同的就是她即将离开这个风险投资公司，不再控制投资资源了。

记住这个教训

当你离开一个可以控制庞大资源的职位时，个人的重要性和权力就丧失了，杰弗里·索南菲尔德（Jeffrey Sonnenfeld）在他的著作《英雄谢幕》（*The Hero's Farewell*）中描绘了这种情况。很多 CEO 们曾因他们的职位而获得了大量阿谀奉承，但在离开那个职位之后，他们遇到了很大的问题。

你可能会说，“但是我才刚刚开始”，或者“我只是一个中层管理人员”，或“我在晋升到一个更具影响力的职位时遭遇了激烈的竞争。如果

我能控制大量人员和预算，我就不需要再了解如何获得权力了，因为那时我已经拥有了权力”！话虽如此，但也有无数人是从无到有地掌握了权力。他们知道，构建权力的基础是一个过程，需要随着时间的推移逐步积累影响力和对资源的控制力。重要的是，你必须看到其他人可能会错过的机会，有时甚至需要自己创造这种机会；而更重要的是，你需要有耐心和毅力跟进这些机会。

你必须看到其他人可能会错过的机会，有时甚至需要自己创造这种机会；而更重要的是，你需要有耐心和毅力跟进这些机会。

如果能成为Google的联合创始人谢尔盖·布林（Sergey Brin）和拉里·佩奇（Larry Page），或者成为微软的比尔·盖茨，那当然会很风光。当他们出现在像世界经济论坛这样的场合时，包围着他们的不仅有保安人员，也有期望见到他们和接近他们以及他们的公司的人。但是你可以从你目前的职位开始做起。事实上人们常犯的一个严重错误是，他们以为在目前的职位上无法建立权力基础和掌握资源，以为需要在更高的职位上才能这样做。其实，**如果你把权力基础打好，那么攀升到更高的职位就会变得更简单容易一些，而且你在任何时候都可以这样做，永远都不会太早或太迟。**

资源，就是人们想要的或需要的东西，可能是钱、工作、信息、社会支持和友谊，或人们在工作中所需要的帮助。你总有机会把这些资源提供给需要的人。不管你以什么方式帮助了别人，互惠原则几乎都会发生作用。**互惠是一种根深蒂固的普遍行为规范，恩惠施予者必然会获得回报。**但是，人们并不精确计算他们获得了多少恩惠，因此帮助别人会形成一种更为普遍的回馈义务，即使是做很小的事情也能够带来相对较大的回报。

尽可能善待他人

有时候仅仅需要对人友善，耐心倾听别人的话，你就可以建立人际关系，从而得到别人的帮助。

威利·布朗在加州议会的崛起，其中一个最令人惊奇的地方就是，他最初获得这个职位时得到了为数众多的、保守的共和党议员的支持。这些共和党人随着一项减税计划的提出而当选为议员，并因罗纳德·里根当选美国总统而掌握了权力。尽管布朗赞同放宽对持有少量大麻的人的处罚，并支持同性恋合法化，但他仍然赢得了保守的共和党议员的支持，其原因就在于：共和党议员在一起吃午饭时谈到了布朗，布朗当时是一个有实权的委员会的主席，这些议员谈到布朗是如何公平地对待他们，给予他们发言的机会，并听取他们的意见，有时甚至会赞同他们的意见。

记住这个教训

对人友善会带来影响力，因为人们很难和殷勤有礼的人发生争执。

小事情也非常重要，比如参加生日聚会、葬礼、跟能够帮助你的人共进午餐，在他们或他们的家庭成员生病的时候前去探望。参议员特德·肯尼迪是一个极为开明的人，47 年来，他在美国参议院勤奋工作，促进他支持的各种法案和事项。他不仅能够把事情做好，而且还交到了很多朋友，其中一些甚至是保守的共和党人，这是因为他对人友善，善于倾听，并且花时间参与对他人而言很重要的事情。因此，我有一条简单而实用的建议，即大多数人都喜欢谈论自己，而你应该让他们有这么做的机会。每个人都有时间和精力这两种资源，要利用这些资源来建立权力，一个简单而有效的方式就是，**做一个好的倾听者，提些和对方有关的问题**。如果你没有太大的权力，很可能你就有时间。**利用这些时间去善待他人，参与对他们而言很重要的事情**，这就是我的建议。

做重要的小事

提供和人们的工作有关的帮助，会得到人们的感激，如果这些事情是他们觉得无聊或无趣的，他们就会尤为感激；而在你建立权力基础之初，这类事情恰恰非常有用。弗兰克·斯坦顿是哥伦比亚广播公司的总裁，是广播电视行业的重量级人物。他于 1935 年 10 月进入哥伦比亚广播公司，那时他 27 岁，拥有俄亥俄州立大学的博士学位。当时斯坦顿进入的研究部门只有两个人。虽然他并没有很多资源可供控制，但他也没有面临激烈的竞争。7 年后，斯坦顿被任命为哥伦比亚广播公司的副总裁，他负责的研究部门已经增加到 100 人，并且他还要负责哥伦比亚广播公司旗下 7 个广播电台的广告、促销、公共关系、建筑施工、运营以及维护和监督工作。

萨莉·比德尔·史密斯（Sally Bedell Smith）写过一本关于威廉·佩利（William Paley）和哥伦比亚广播公司的书，书中描写了斯坦顿的升迁。斯坦顿的策略是：他尽可能多地寻找能引起哥伦比亚广播公司高层兴趣的信息。这些信息有可能是任何方面的，比如哪些人收听电台节目，为什么会收听，谁拥有哥伦比亚广播公司想要的办公场所，以及不同媒体市场的人口分布信息等，基本上任何可能有用的数据他都收集。就像这样，他让自己成了不可缺少的人。在很多情况下，这些数据就在哥伦比亚广播公司里，只需要有人去编辑，或者通过任何人都能完成的调查就能收集到，但是没有人费心去收集这些数据、做调查或检查公开记录，没有人去看看哥做小事也可以让你获得权力，因为人们往往懒于做那些看似微不足道的事情，或是对它们不感兴趣。

伦比亚广播公司可能会为某个电台购买或租赁的建筑物是在谁的名下。而斯坦顿所做的也不过是投机取巧，在上司面前表现自己而已。他曾说："每次管理层都会问我一个问题，如果我不知道是怎么回事，就会给出一个不太确定的答案，然后溜出去拿《世界年鉴》……我想当时我的信息比麦迪逊大街上大多数机构的信息都多，因为《世界年鉴》就放在我的办公桌上。"

做小事也可以让你获得权力，因为人们往往懒于做那些看似微不足道的事情，或是对它们不感兴趣。因此，如果你主动做些相对不太重要的事情，而且做得非常好，就不太可能有人会和你争抢这样的机会。同时，这些显得不重要的事情可能会成为权力的重要来源。

迈克尔一年后就会从商学院毕业，他已经在一家对冲基金公司找到了工作。他的计划是：夏天在这家公司全职工作，并在他的最后一学年中与公司保持联系，毕业之后，再进入公司全职工作。和迈克尔一起在这个公司工作的还有其他5个人，跟他们相比，迈克尔有一个很大的劣势，即另外5个人都已经拿到了学位，而且开始全职工作了，因此经营合伙人的注意力自然而然地转移到了那几个全职员工身上。

当迈克尔回到学校时，他决定在这家基金公司建立起权力基础。首先，他定期回到他的办公室，以非正式的方式与大家碰面。像这样，他就有效地利用了曝光效应，克服了"看不到、想不起"的现象。然后他承担起招聘初级分析师的责任。在专业服务公司里，分析师是初级人员，可能工作几年后返回学校深造，而公司通常会安排他们做一些单调乏味的工作。公司雇员通常把招聘初级分析师看作是不得不做的苦差事。因为招聘需要时间，会分散他们投入"真正"工作上的精力，而所雇用的分析师也只不过是在公司里待段时间就走人的角色。

迈克尔从公司主管那里收到一个群发电邮，主题是关于为分析师职位的候选人组织面试。他立即回复邮件说，因为他在学校读书，比全职员工有更多的空闲时间，他会很高兴负责协调这一天的面试活动。就这样，迈克尔开始组织招聘工作，包括协调出行日程，与合伙人确定面试时间表，并组织一个他可以坐在显眼位置上的私人宴会。

这一提议让迈克尔成了招聘活动的交流中枢，他接触到了更多的合伙人，包括公司主管，而且这次活动还为他树立了一个乐于助人的名声，毕竟他并不是一定得帮这个忙，因为他还是一个学生。因为迈克尔是分析师招聘活动的关键人物，被录用的分析师都认识了迈克尔，并且认为迈克尔和他们能够成功就业具有关系。因此，即使在为公司全职工作之前，迈克尔就已经有了乐于助人的名声，并且还结交了盟友。

卡伦进入了一家大型互联网服务公司，这家公司拥有多个知名消费品牌。卡伦的背景是投资银行和风险资本，与她以前工作过的所有公司相比，这家公司都更倾向于技术和销售，而她需要在这里建立权力基础。卡伦的老板建议她不要在“小”事情上浪费时间，但她没有听从这个建议。在了解了公司所有业务的过程中，她努力做一些小事情。

卡伦组织了一些高层会议，邀请对公司感兴趣的重要外部公司前来进行展示。卡伦还利用这些会议邀请了公司经理们感兴趣的名人。通过这些活动，卡伦了解了很多企业，也认识了这些企业里的一些人。在组织这些活动的过程中，她接触到了她要邀请的外部人士，当她在公司里征求意见，了解公司各品牌的情况时，她也与公司内部的人加强了联系。

积极寻找和利用资源

20 多年前，我第一次见到丹的时候，他在一所私立大学担任劳资关系主管。但是他雄心勃勃，希望成为一所大学的校长。虽然他拥有博士学位，并发表了一些关于高等教育的论文，但他在劳资关系部门的职位或者人力资源部门的职位显然不是大学高级行政职位的跳板。丹知道，如果他想实现梦想，就需要离开劳资关系部门，担任像教务长之类的管理职位。但问题是：怎样才能利用他目前的角色，去获得有助于他建立权力基础的资源呢?

像大多数专业领域一样，丹所在的领域也有一个相关的专业协会，即大学人事协会。而且这个协会也像大多数协会一样，会举办一个有演讲者和参展商参加的年度会议。丹志愿参与这些活动的组织工作，随着时间的推移，他在协会中的级别上升了，先是成为分管研究的副总裁，负责协会的规划工作，后来又成为总裁。在协会的领导工作中，他和向高等院校销售退休金和其他人力资源产品的公司有了联系，邀请了一些人（他需要这些人的帮助）在年会上做有偿演讲,并结识了很多学校的高层管理者。最终，他成了教务长，目前在一所大型州立大学担任分管研究的副校长。现在看来，他通往大学校长的道路基本上畅通无阻，因为他知道如何寻找和利用资源。

伊凡是在一家管理咨询公司工作的初级顾问，这是一家大型知名公司，有很多初级顾问。伊凡知道，公司希望更多地涉及公共部门和公共政策的工作。他主动为他所在的办公室组织了一个系列研讨会，这个任务需要额外付出时间和精力，因为伊凡仍然需要完成他的日常咨询工作。他做了对公司有价值的事情，并成功地向管理这个办公室的合伙人申请到一份预算，这就让他能够邀请可以帮助公司在公共部门建立关系的人士参与。伊凡利用这些资源和有实权的外部人士培养了人际关系，而这些人士也为收到知名公司的邀请而感到荣幸，同时也为收到报酬而心怀感激。

创造属于你的独一无二的资源

如果你和一家知名机构有关系，就可以好好利用这种知名度。斯坦福大学的斯隆课程（Sloan program）是个为期一年的管理学硕士项目，有些类似于工商管理硕士，可以让处于职业生涯中期的管理者进行为期一年的脱产学习。这个课程的一些参加者是由他们的老板赞助的。赞助意味着你的公司在你的发展上投入不菲，同时也意味着你将离开一年，无法参与公司的活动。吉姆是一家大型电脑制造商的运营管理者，尽管那一整年他都在上学，根本没有在公司工作，但他仍然利用这个项目的卓越声望，从他老板那里得到了最高等级的绩效评级——“优秀”，而能得到“优秀”的员工只占全部员工的15%。

吉姆以分享学习心得为名，与他的老板肯恩保持着联系，而且吉姆知道，肯恩希望有机会到商学院教一堂课。幸运的是，管理会计课有一个分配管理费用的案例正好涉及吉姆和肯恩的公司，这让吉姆有了创造资源的绝佳机会：把肯恩介绍给会计学教授。一方面，肯恩想到商学院授课，另一方面，在讨论到某个公司时，如果该公司派出代表出现在课堂上，这会让会计学教授不胜感激。

聪明的吉姆让肯恩相信，即使他代表肯恩提出请求，并努力促成此事，也还是不能保证教授一定会答应让肯恩去教课。吉姆开玩笑说，如果他能让肯恩成为会计课的主讲嘉宾，那么在吉姆的硕士项目结束后，肯恩应该帮助他找到一份可以直接向该公司 CEO 汇报的工作。肯恩说:“那当然。”结果肯恩如愿以偿，他很感激吉姆，并给了吉姆一个很好的绩效评级。

人们几乎能够凭空创造出资源，在现实生活中有大量这样的例子，而且有些例子相当惊人。

1971 年，32 岁的克劳斯·施瓦布（Klaus Schwab）[1] 从瑞士大学毕业，拥有经济学和工程学博士学位，他本来可以遵循传统的学术职业生涯路线，进行专业研究并发表文章。然而他看到了一个机会：为关注美国经济不断增长的欧洲商界领袖们组织了一次会议，当时称为欧洲管理论坛（European Business Forum）。这个小规模的论坛后来发展成为世界经济论坛。它目前拥有以施瓦布为首的 100 多名职员，在世界各地举办会议，每年的预算超过 1 亿美元，施瓦布的妻子和儿子都是其董事会成员，并参与了基金会的运作。

作为这个论坛的领导者，施瓦布已经拥有了 6 个荣誉博士学位以及大量利润丰厚的公司董事会职位。尽管记者、学者和非营利性组织领导人可以免费进入论坛，但参会的公司需要缴纳大笔费用，世界经济论坛的会员费用为每年 3.9 万美元，要参加在达沃斯举办的大型年会，则需要缴纳 2 万美元。在达沃斯年会上，有政界、商界名人进行的小组讨论，也有私人会议和宴会。施瓦布认识到，全球商界和政界领袖需要找到一个交流思想和做生意的平台，媒体则需要采访这些人，而每个人都需要知道这些人对不断变化的经济和社会问题的看法。正如世界经济论坛的一位前常务董事所说:“接触最终意味着合同。”

拥有别人无法获取的资源能给你带来权力。世界经济论坛，以及卡伦在互联网公司举办高层会议的案例说明，第一个创办会议的人自然而然获得了垄断权。世界经济论坛是一个辉煌的会议，它让有影响力的人士齐聚

① 由克劳斯·施瓦布撰文并推荐、中国移动通信集团公司董事长王建宙所著的《至·思·行：从达沃斯开始的思考》一书已由湛庐文化策划，万卷出版公司出版。——编者注

一堂，但这些名人不想参加或是不需要很多这样的会议，因为他们的时间有限。一旦卡伦开始举办她的高层会议，或者伊凡开始在咨询公司举办公共部门或公共政策讲座，其他人就没有必要再举办类似的活动，就算有类似的活动，也不会具备太大的吸引力。所以，如果你是第一个这么做的人，往往就会获得成功。你应该主动创造资源，也就是去寻找演讲者、去组织和安排、去与人接触并创办会议，让人们可以方便地在会议中遇到其他人，了解到有趣的东西，并且可以做生意，那么他们就会感谢你做的事情，而你也在为你的权力之路创造资源。

要让人们齐聚一堂，你就需要承担起经纪人的角色，并成为人际关系网络的中心。建立人际关系网的技巧非常重要，而你建立的人际关系是形成影响力的重要资源，我们将在下一章中探讨这一点。

第 06 章

关系，永恒的王道

人际关系使你接触到更多的人，让你能够与他们保持联系，从而增加了你的机会。有效的人际关系创造了一个良性循环：人际关系使你的可见度更高，从而提升你的权力和地位，而当你的权力和地位上升时，建立和维护人际关系也会更加容易。

20世纪80年代，海蒂·罗伊森（Heidi Roizen）是电子表格软件公司T/Maker的总裁，也是软件出版商协会（Software Publishers Association）主席。到90年代，罗伊森的公司被收购后，她成为苹果公司负责全球软件开发者关系的副总裁。在离开苹果公司之后，她先后成为风险投资公司软银和莫比乌斯（Mobius）的合伙人，负责担任高科技公司的董事，并做出投资决策，决定在资金上支持哪些公司和技术。

你可能认为在软件和高科技行业，除了成功的程度不同外，这样的职业生涯路径没有什么特别的，但是当你意识到下面这点以后可能就会对罗伊森另眼相看了，罗伊森的学士学位是创造性写作，硕士学位是商业，而不是计算机科学、工程或数学。罗伊森获得成功的因素，不仅包括她的才智和业务能力，也包括她在组织内部和外部建立战略性社交关系网的能力。她本科毕业后的第一份工作是在天腾计算机公司（Tandem Computer）编辑公司的新闻简报。这是一个良好的开端，因为这个职位要求她和整个公司上下的人接触，包括那些身居高位的人。随着这些人逐渐了解罗伊森，他们开始赏识她的才华。

罗伊森的成功已经成为哈佛商学院的一个案例，她的成功经常被归因为她有能力建立良好的人际关系。学生常常感到困惑，甚至失望：一个没有技术背景的人怎么能在重要的软件组织中占据高级职位，甚至领导大型企业集团呢？其实罗伊森拥有丰富的商业技能，而且人们往往没有注意到这一点：有些工作的主要内容就是发展人际关系，每个人都能从发展更加高效的人际关系网络中受益，也能从人际关系技能的磨炼中受益。

什么是人际关系网

既然我们要讨论发展人际关系网，那么我们最好现在就给出它的定义，同时也对一些行为加以描述，这些行为都是你应该更加频繁地采用的。汉斯－乔治·沃尔夫（Hans-Georg Wolff）和克劳斯·莫泽（Klaus Moser）是两位德国教授，他们曾对什么是发展人际关系网提出了一个很好的定义："它是那些旨在建立、维护和使用非正式关系的行为，这些行为有可能令工作方面的活动更加顺利，其本质是个体自愿寻找获取资源的途径并且尽可能扩大自己的优势。"两位教授在对200多名德国人进行调查后，总结出了发展人际关系网的含义，清晰地归纳了相关的具体行为。

- 建立内部联系，例如"我利用公司的活动建立了新的联系"；
- 维持内部联系，例如"我询问其他部门的同事，了解他们部门在做什么"；
- 使用内部联系，例如"我运用我与其他部门的同事的联系，获取和工作有关的私下建议"；
- 建立外部联系，例如"出于职业原因，我接受邀请去参加正式活动或庆祝活动"；
- 保持对外联系，例如"我让人给其他公司里的熟人捎去我的问候"；
- 使用外部联系，例如"我和其他公司的熟人交流专业技巧和心得"。

这就是他们所描述的发展人际关系网的行为，你需要做一些渐进的努力来建立、维护和使用你与他人之间的社会纽带。如果你被局限在眼前的工作和公司中，那么发展人际关系的目标人物可能就不在你的视野范围之内了。

关系是组织成功的保证

罗伊森曾经做过很多工作，包括在苹果公司管理软件开发者关系以及后来管理风险资本，这些工作的核心，就是要把本来无法接触的各方组织和人士聚集在一起。一边是有商业创意但需要资本的创业家，一边是有资金进行投资的机构，而风险资本管理就是在这两者之间架起沟通桥梁。风险投资的作用还包括帮助初创企业发现人才，偶尔还会协助商业伙伴进行销售和产品开发，广泛的人脉关系显然对这些任务很有帮助。罗伊森在苹果公司的工作，则是将软件开发者这一特定群体和计算机公司联系起来，苹果公司需要软件开发者的新产品来提高机器的性能，从而让机器更有销路。

有些工作涉及大量的人际关系，一般而言，这些工作要求人们在不同的组织之间进行沟通，在交易中起到中介作用，并建立人际关系以影响决策。1966 年，前总统助手杰克·瓦伦蒂成为美国电影协会主席。瓦伦蒂可以为电影制片公司联系政界门路，因为电影制片公司在避开审查或在跟外国政府处理像资金汇出这样的商业问题时，需要政界方面的帮助。同时，瓦伦蒂也能为民主党和自己的靠山林登·约翰逊打开好莱坞的门路，因为这个电影王国的筹款能力不容小觑。当瓦伦蒂终于卸任美国电影协会主席一职时，接替他的是另一位与美国政府关系密切的民主党政治家，堪萨斯州前众议员、克林顿政府的农业部长丹·格利克曼（Dan Glickman）。

美国药物研究和制造商组织在政治上则更倾向于共和党。这个协会代表的制药公司面临着大量的政治问题，比如抵制来自加拿大的进口药品、维护制药公司直接面向消费者为处方药做广告的权力等。2005年，来自路易斯安那州的比利·陶津（Billy Tauzin）成为这个协会的负责人。陶津从1980年开始就在众议院任职，曾是共和党领导层成员，也曾在能源和商务委员会担任主席职务，能源和商务委员会拥有一定的药品行业监督权。在小布什政府时期，陶津曾赞成扩大医疗保障方案以偿付药费，这一行为维护了制药行业的利益。

在公共部门或是在为跨组织交易充当中介时，人际关系技能非常重要。不仅如此，在企业内部，要让信息技术项目发挥效果或是要成功地管理消费产品，项目或产品经理也需要让不同的部门顺畅地开展合作。在许多时候，**领导的实质就是：让拥有不同能力和视角的人或部门协作，共同完成一项任务或达成一桩交易。**

关系是职业生涯发展优劣的重要决定因素

人际关系网络有时也被称为社会资本，你的人际关系网络的重要性如何，或多或少地取决于你的具体工作，但是有证据显示，发展人际关系对人们的职业生涯非常重要。许多研究显示，在绩效评估、职业生涯成功的客观衡量指标，如工资和职位水平，以及职业生涯满意度主观感受上的良好表现，都和人际关系有正相关关系。在这些研究中存在一个问题，即人际关系和职业生涯是否成功是在同一时期被测量的，所以不能确定两者之中哪个是原因，哪个是结果。比方说，有可能是更成功的人才拥有更多的社会交往，而并非是社会交往导致人们获得成功，这是因为其他人想和成功人士保持联系，以便从他们的地位中获益。因此，德国学者沃尔夫和莫泽的研究显得特别重要，因为这个研究采用了时间上的纵向设计。

> 2001年10月，沃尔夫和莫泽对200多名德国雇员的人际关系行为进行了测量，然后又在2002年和2003年进行了跟踪调查。他们用全额报酬和职业生涯满意度量表来对职业生涯的成功进行衡量。结果显示，人际关系影响到了职业生涯满意度、同期薪金，以及随着随时间推移的薪金增长；而发展人际关系的两个最重要行为是“维护外部联系”和“建立内部联系”。

还有一个纵向调查考虑了人际关系能力对职业发展的影响。这个研究由意大利的商学院教授阿纳尔多·卡穆福（Arnaldo Camuffo）和一些同事完成，目的是评估工商管理硕士教育的效果。研究人员对在威尼斯业余学习工商管理硕士课程的毕业生进行了能力评估。能力评估由学生自己、同班同学和进行结构化面试的观察员得出，而职业生涯的发展则用晋升和工资增长来衡量。调查显示，人际关系能力确实影响职业生涯的发展。该研究表明，在解释这些经理们的职业生涯发展优劣程度时，人际关系在最重要的能力中排第二位，其重要程度仅次于运用技术的能力。这项研究再加上德国和澳大利亚的研究，说明了人际关系在很多国家的商业领域中都非常重要，并非只有在美国才是如此。

为什么人际关系对职业生涯的成功非常重要呢？我们曾在前面的章节讨论过至少一个原因，即突出性。你不会选用你不记得的人员，不管是专业顾问、领导层职位候选人，还是求职者候选人。曝光效应对偏好和选择有相当重要的影响。建立人际关系可以使你接触到更多的人，让你能够与他们保持联系，从而增加你的机会。当他们需要别人的意见，希望能够找到一个投资伙伴，或者是想为某个职位寻找候选人时，他们会记得你。因此有效的人际关系创造了一个良性循环：人际关系使你的可见度更高，这会提升你的权力和地位，而当你的权力和地位上升时，建立和维护人际关系也就更加容易。

人际关系技能是可以提升的

虽然人们的社交技巧有高有低，对于如何运用它们的时间也有不同的偏好，但有一些证据表明，人们可以学习诊断人际关系结构，更加有效地开发社会资本，从而给他们的职业生涯带来积极的影响。

美国芝加哥大学教授罗纳德·伯特（Ronald Burt）与雷神公司（Raytheon Company）合作开发一个管理人员教育项目，名为“商业领袖项目”，其中包含一个强大的人际关系模块。雷神公司是一家大型电子公司，也是一家国防技术研发承包商，该公司面临的挑战是“如何在它收购的公司和各个产品线之间进行协调”。商业领袖项目供总监和副总们参加，目的是提高他们在整个组织内完成任务的能力。

对培训进行评价，这本身就是一件困难的事情，因为在现实世界中，参加昂贵的管理培训活动的人员并不是随机挑选的。那些资历更深、获得的评价更高、也更有能力的人往往会被选去参加培训活动，因此这些人会在很多方面做得更好是很正常的，这样的结果并不能反映培训的效果。为

了解决这个问题，研究人员推算出一个公式，用来预测哪些人会被选中参与商业领袖项目的培训。然后他们建立了一个对照组，这个组里是有资格参加培训但是尚未参加的人。这些人没有参加培训的原因或者是因为时间安排不凑巧，或者是因为该培训项目尚未完全覆盖所有的目标受益者。这样研究人员就可以对三个组之间的结果进行差异比较。这三组分别是：参加培训的人、有资格参加但却没有参加的人以及没有资格参加的人。

人际关系使你的可见度更高，这会提升你的权力和地位，而当你的权力和地位上升时，建立和维护人际关系也就更加容易。

参加了这个项目并学会如何诊断和利用人际关系的人员，其绩效评估成绩比对照组高出 35%，参加者随后得到晋升的可能性高出 43%，而且离开组织的可能性少了 42%。这些和其他一些结果显示了这个项目效果良好，参加者诊断人际关系的能力得到了提高，这说明，建立社会资本的能力是可以提高的。

发展关系需要的不是时间，而是规划

如果人际关系对人们的工作业绩和职业生涯成功有如此大的帮助，那么一个很明显的问题是：为什么有些人没有把足够的时间和精力投入到发展人际关系中呢？原因之一是发展人际关系需要付出努力。还有一个可能是，一些人很反感这样的活动，因为他们相信，抱着工具主义的目的与人建立关系不够真诚。第三个可能是，当人们考虑职业生涯成功的原因时，他们低估了社会关系的重要性，而高估了工作业绩和其他方面的重要性。

有证据表明，**人际关系会对职业生涯的发展产生重要影响，如果你对推动职业生涯前进的战略行为，包括你和哪些人保持联系仍然心存疑虑，那么你必须克服它们。**

人际关系其实并不需要那么多时间和精力，它需要的主要是思考和规划。基思·法拉奇的一本名为《别独自用餐》（*Never Eat Alone*）的书正好说到了点子上。人们总要吃饭和锻炼，为什么不利用这些时间来扩展你的人脉呢？当法拉奇满 40 岁时，他开的不是一个生日派对，而是 7 个，在美国 7 个不同的城市里，由 7 个不同的朋友主持。生日庆祝活动成了一个很好的机会，用来更新现有的社交关系，并建立新的社交关系。海蒂·罗伊森每次度假后就会给大家发一封信，告诉人们她家里发生的事，并附上一些照片，这种事很多人都在做。不同之处在于，她会印刷 700 份再邮寄出去。罗伊森告诉我说，当她拿着原件去找印制商，告诉对方她要的印量时，对方的反应是："小姐，没有人有那么多的朋友。"但罗伊森却意识到，对那些可以帮助你或可能会需要你帮助的人，在节假日时偶尔发张便条，或是偶尔发封电子邮件，一起吃个午餐或通个简短的电话，他们就会一直记得你，并对你有比较深的印象。

伊格纳西奥是一名阿根廷人，他从美国一所著名的商学院毕业后做了很多毕业生都会做的事：回到祖国，进入一家知名的大型管理咨询公司工作。但他在一件事上与众不同：2007 年 6 月，伊格纳西奥在阿根廷创建了一个名为"美国工商管理硕士项目"的人际关系网络组织，并建立了相应的互联网站点。这个组织的目的是促进阿根廷人申请进入美国顶级名校学习，这些学校会为被录取者提供资金保障。在两年的时间内，这个组织已经有了 10 名董事，招募了近 400 个成员，伊格纳西奥在三所大学里做过演讲，想要去美国接受商学院教育的阿根廷人都会以他为参照对象。

这个组织在创立之初，只有伊格纳西奥单枪匹马一个人。一开始伊格纳西奥没有很令人信服的凭据，也没有什么声望，为了克服这一障碍，他在演讲和工作中把他自己和有声望的人联系在一起，包括他所在的咨询公司里的一些人，以及在阿根廷工作生活过的美国一流商学院校友。结果他在办公室的同事眼中，成了一位出色的演讲者，一个擅长劝说别人的人。伊格纳西奥不仅在阿根廷大大提高了自己的知名度，而且还和美国一流的咨询公司建立了更多的联系。他的这个由公司、大学、学生和校友构成的人际关系网络组织不断扩张，而他自己则是网络的中心。作为一份投入不多的兼职工作而言，能取得这样的成绩相当不错。

人际关系确实需要投入一定的努力，因此你应该策略性地开展人际关系活动。你可以在一张清单上列出你想要或需要结识的人，也列出接触哪些组织的人员可能会对你有所帮助。然后你再一项一项地检查清单，想办法与背景更广泛和更多样的人士建立社会关系。我曾认识一个人，尽管他没有科学专业背景或任何行业经验，却很想在生物技术领域开始他的职业生涯。他首先确定需要结识哪些人士，然后请求别人在可能的时候介绍他结交这样的人，在与这些人士见面后，他再写感谢信进行进一步的联系，他还为结交到的人提供资料，让他们从与他的交往中获取价值。虽然他的职位没有什么权力，但在很短的时间内，他就在生物技术领域发展了大量有影响力的人际关系，而这些人际关系也帮助他把职业生涯推入了轨道。

人际关系的另一个障碍是，**如果所有的时间你都在与同样的一些人交往，你会自然而然地形成习惯。**你跟他们在一起时感到自在，你信任他们；与和陌生人建立关系相比，和熟人交往时更加轻松，也更加愉快。因此，你要付出额外的努力来认识新朋友。

凯蒂在一家猎头公司工作，招聘任务大多来自各个公司的人力资源部门。凯蒂想要建立一个人力资源管理人员的网络，并结交更多可以在工作上帮助她的人，于是她举办了短期研讨会，参加者将听到人力资源管理领域内的一些先进管理理念，然后再展开讨论。凯蒂的第一次研讨会大获成功，有很多人参加，大家的讨论也相当热烈。

创建一个持续的论坛将对凯蒂非常有用，既有助于她目前的工作，也可以建立起对她未来的职业生涯有用的关系。

所以，建立人际关系并不是一个繁重的任务，这一切只需要你做一些规划，需要你勇敢去和陌生人接触，尽管这样做可能你以前并不习惯。

不是每个人的价值对你都一样

不是每个人对你的价值都一样大，你应该考虑如何恰当地运用时间拓展人际关系。20 世纪 70 年代初，社会学家马克·格兰诺维特（Mark Granovetter）在波士顿对人们如何找到工作做过一个经典的研究。他的两项发现其实并不出人意料。格兰诺维特发现，在寻找工作的过程中，社会关系十分重要，相对于利用个人方式，比如正式申请书，利用社会关系的比例越高，找到的工作就越好。他还发现，为空缺职位补员的程序根据岗位不同而有所不同：管理职位更容易通过个人联系而获得，而并非通过正式的申请手段，比如回应报纸广告；而低端工作，即使是收入多但技术性强的工作也往往依赖于更正式的手段。令人惊讶的是，对寻找工作而言重要的社会关系类型是弱连接。[①]

① 弱连接是指你和有泛泛之交的人之间的关系，你和他们不太熟识，交往也并不频繁。强连接通常是与家人、朋友和工作中的同事的联系，有着紧密频繁的交往。

弱连接往往比你和亲近的人之间的强连接更有用，用直觉来解释，这是因为你的密友和家人更有可能是在同一个圈子中，彼此之间也很亲近，因此他们提供的是冗余的信息。弱连接则恰好相反，它更有可能帮你了解新的组织、新的人和新的信息，为你提供新联系。但是，要让弱连接发挥效用必须满足两个条件：**与你有泛泛之交的人必须能够把你和不同的人际关系圈连接起来，而且他们也必须愿意这样做**。我们前面谈到过弗兰克·弗林关于提出请求的研究：即使对陌生人提出小要求，他们也有可能会答应。如果你问问某个人是否知道有空缺的职位、一个公司或特定岗位的细节，他几乎总是会提供给你一些信息，即使你们之间的关系相当薄弱也会如此。向别人提供任何资料都会让提供者自我感觉良好，并且也让提供者遵守了“乐善好施”的社会规范。

最佳的人际关系策略是：认识大量来自各行各业的人。

因此，最佳的人际关系策略是：认识大量来自各行各业的人。他们应该来自不同的组织、不同的行业和部门以及不同的地方，但你不一定要跟他们非常熟识或发展密切的关系。这并不意味着这些关系不真诚，只是这些社会联系并不那么亲密，因为时间所限，要建立大量多元化的关系非常困难。我曾在第2章中建议你专注地付出努力，但这两个建议之间并不矛盾。你应该专注于发展对你有用的社会关系，只是这些关系应该尽可能多、尽可能多样化，并且应该有助于你获取权力。

事实上，**有些组织或个人经常会因为他们的某个同伴出名而自己也出了名，所以你应该和地位较高的人士往来**。这个简单的事实有些有趣的结果，它意味着：如果你不想冒险失去自己的地位，那你就不该为了获得某些机遇而轻易在社会等级的食物链中向下移动。

社会学家乔尔·波多尼（Joel Podolny）曾是耶鲁大学商学院院长，现在是苹果大学的负责人。有人问过他一个有关投资银行的有趣问题：因为高等级的投资银行已经从其等级中获得了成本优势[①]，为什么他们不霸占股票和债务市场，并最终从低等级的竞争对手手中夺走大部分业务呢？他回答说，关于投资银行业的实证研究显示，高等级的银行受到“下移”限制，它们无法从下移行动中获得更大的市场份额，因为如果那样做，它们就不得不与低等级的证券发行人往来，也就会至少部分丧失其优势地位。

获得地位的一种方法是创建这样一个组织：它的使命如此引人注目，以至于可以吸引地位较高的人士来参与，这样你就不仅确立了地位，也建立了与重要人物的人际关系。菲利普在墨西哥就是这样做的。墨西哥是一个等级森严的社会，很多体力劳动者和非技术工人都没有受过教育。由于缺乏教育，人们也就无法得到更好的工作，一直在贫困中挣扎。菲利普的组织为非技术工人提供教育，主要针对非技术和半技术工人集中的建筑业。他毕业于一所工程学院，这种具有社会意义的活动吸引了他的母校最负盛名的教授，组织的董事会也由墨西哥的一些重量级企业家组成。由于该组织提供的教育主要针对建筑工人，菲利普也结识了房地产行业最优秀的人才，而这些社会交往带来了房地产行业中的大量事业发展机会，也建立了一个有影响力的大型人际关系网络，这个网络由私营部门和政府中的重要人士组成。正如菲利普所说，他是在做好事，也让事情进行得很好。

① 举例来说，低等级的银行一般被认为风险较高，因此与它们相比，高等级的银行可以用较低的成本筹得资金。

事实上，**地位等级是稳定的，组织和人员不仅难以向上移动，而且也很难向下移动**。一旦你通过关系网获得了权力和地位，你就能保持你的影响力而不需花费太多时间和精力。

你可以利用你的高等级人际关系网络来赚钱。我的一个朋友是管理培训师，很有名也很优秀。不久前，有人要他提交一份为某位 CEO 做培训的计划。他开出的价格为 25 万美元。这位 CEO 告诉我的朋友说，他收到了来自另一位培训师的计划，开价仅 25 000 美元。我的朋友说，他认识那位开低价的培训师，而且还培训了对方，他认为那位培训师的服务质量相当出色。那么为什么 CEO 要以 10 倍的价格聘请他呢？因为我的朋友说自己正在与一些知名大企业的 CEO 共进晚餐，他还说了几个公司的名字。另一位培训师能否提供这样的人际接触机会以及其他类似的机会呢？最终，我的朋友得到了这笔生意。人们喜欢和地位较高的人接触，借由别人的荣耀来提升自己。这样的事情在不同的背景下表现为不同的版本，但它们每天都在发生。

让自己成为人际网络的中心

权力和影响力不只来自广泛的人际关系网络和成员较高的社会地位，也来自你自己在人际关系网络中所处的位置：处于网络关系的中心非常重要。研究表明，在建议型和友谊型两种人际关系网络中，中心位置都能带来很多好处。这些好处体现在信息获取、正面的表现评级和工资增长中。一个针对报纸出版公司的研究发现："在部门中处于能够控制信息传播的位置上，对于晋升特别重要。"这个结论不同于人力资本经济学理念和人们的普遍观念。在人力资本经济学中，只有个人的人力资本如教育程度、工作资历和智力水平等才会对职业生涯有重要影响，而且人们普遍认为，工作业绩决定了职业生涯发展。但是实际上，对你的影响力和职业生涯轨迹而言，你在人际关系网络中的位置非常重要。

如果所有的信息都会经过你，你就会有更多的权力。你的权力来源之一在于你对信息流的控制，而另一个来源则是，其他人认为处于人际关系网络中心位置的人拥有权力。你可以用以下方法来评估你是否位于中心位置：看看别人在你的工作中占多大的比例，比如别人是否向你咨询建议或意见，或让你帮助他们完成他们的工作。另一个办法就是看看在所有的信息传播路径中，有多少会经过你。

如果所有的信息都会经过你，你就会有更多的权力。

如果你对中心位置的重要性十分敏感，就可以做些事情来增强你的这一位置。亨利·基辛格在被任命为理查德·尼克松总统的国家安全顾问后，采用了一个方法来确保关于外交政策问题上的信息只能通过他进行传播。他聘请了一组才华横溢的年轻无党派外交政策分析家为他工作。这一举动让他在新闻界树立了良好的形象，因为基辛格显得好像对任用人才很感兴趣。实际上，由于尼克松的班底对与自己不同的人打交道感到不自在，而这组人员与尼克松的班底比较疏远，这样基辛格就成了国家安全委员会工作人员和白宫之间信息流的中心。

还有一个方法，就是通过你的物理位置来构筑你在人际关系网络的中心位置。我认识的一个人，是硅谷一家风险投资公司的分析师，在这个公司，分析师是一个低级职位，但也不是轻易就能得到的。在他刚到投资公司并需要安排办公桌的时候，他有两个选择：一个是在大房间的角落里，大家一般不经过这个地方，因此可以非常安静地完成自己的工作，另一个位置是在合伙人的办公室外面，这个地方很小，没有隔墙，没有隐私可言。他几乎是随意地选择了合伙人办公室外的位置。但由于他这个位置，他知道在公司里发生了什么样的事情，并与很多来见合伙人的来访者有了来往。正如他所说："短短几个月后，在每周星期一上午的全体会议中，几乎处理每一个问题时都要先经过我。由此而来的好处是，我成了这家公司历史上在毕业后就获得分析师职位的第一人。"

在一个人际关系网络中，中心位置带来了权力，但同样重要的是，通过链接不同的网络来获得权力。

在一个人际关系网络中，中心位置带来了权力，但同样重要的是，通过链接不同的网络来获得权力。大多数人倾向于和自己相似的人联系，即所谓的"趋同原则"。因此，有些群体本来可以从与其他群体的交往中获得好处，但他们却没有这样做，因为群体成员在内部进行交往会感到更舒适自在。与自己相似的人交往是一种天然倾向，与此同时，它也制造了通过建立中介关系来牟利的机会，用芝加哥大学商学院教授罗纳德·伯特的话来说，就是通过弥合不存在往来的群体之间的结构洞（structural holes）来获益。其根本思想看似简单：有些群体之间在本质上具有紧密联系，但在社会上却相互隔离，有些人将这样的两个群体连接起来，成为帮助这两个群体往来的中介，而他们可以从中获益。

贤治在一家大型日本电力公司工作，有核工程学学士学位和工商管理硕士学位，会讲英语和日语。当贤治获得硕士学位返回公司时，他进入国际业务发展部门，在这里，他的工作是在世界各地建立和收购电厂。即使贤治身处一个论资

排辈的文化背景中，职位较低，资历也浅，但他所在的位置极为有利，即为工程部门和业务发展部门这两个重要部门做中介桥梁。贤治是公司里唯一一个有核工程学位的工商管理硕士，也是唯一有商学学位的核工程师。

他告诉我说："现在我处在一个独特的位置，与全球核电业务发展有关的关键信息都通过我，因为我是唯一一个连接国际业务发展部门和工程部门的人。"由于贤治的英语能力比他的很多同事要好，因此，他被邀请参加国际发展项目的一些最高层人士的电话会议，并协助翻译。由于他在沟通工程部门和国际业务发展部门中接触到了大量信息，又在参加电话会议中增长了见识，因此高级管理人员开始在很多重要事项上征询贤治的意见。

虽然现在断言贤治将在他的权力之路上会一帆风顺还为时过早，但这个研究有力地表明，**占据中介位置并弥合结构洞将会有利于你的职业生涯发展**。社会资本以个人弥合了多少结构洞来衡量，而社会资本会对晋升、工资和在组织中的层级有正面影响。还有一些研究发现，社会资本也会增加对个人特质比如教育和经验的回报，对于那些有丰富社会资本的人来说，教育和工作年限对薪酬的影响较大。

另一项研究发现对于你的人际关系网络建设非常重要。人们有时以为，如果他们与某个占据良好位置的中介人有联系，他们就可以获取尽可能多的利益。但是罗纳德·伯特发现，这种直觉是不准确的。许多人，甚至距离中介人只有一步之遥的人也没有从中获得什么利益。回到日本电力公司的例子，贤治因他在人际关系网络的位置而享有了很多好处，但那些与他联系的人，即便是与他的中介角色只有一步之遥的人，也没有从这种联系中获得好处。所以，如果想要获得好处，就必须经营自己的人际关系网络。

为工作选择最适宜的人际策略

任何策略都可能做过头，包括你的人际关系策略。弥合结构洞，让自己位于很多社交关系的中心位置，这需要时间。你应该在人际关系上花费多少时间呢？你的具体人际关系策略是什么呢？要在这些问题上做出决定，你就应该首先考虑：**你的工作在何种程度上需要建立社交关系，以及在工作中最有用的知识是哪种类型。**

研究资料通常把知识分为两种：一种是明确的、整理过的知识，例如图表、公式或工作流程；另一种是含蓄的隐性知识，比如好的临床医生不仅应该了解工作中的基础科学知识，而且也应该从他们的经验中得知在什么时候应该做什么。加州大学伯克利分校教授莫腾·汉森（Morten Hansen）曾经研究过，在不同类型的产品开发工作中，什么样的人际关系网络最有用。当你需要接触隐性知识时，密切联系的小型人际关系网络非常重要，因为只有在密切的联系中，人们才会花时间去解释他们的隐性知识。当产品开发项目需要寻找可以随时转化的明确知识时，那么一个弱连接的大型网络会提供更大的好处。

如果想要获得好处，就必须经营自己的人际关系网络。

汉森还把产品开发项目分为两类：一类是需要开发非常新颖的产品，它所需要的信息类型几乎是不可能事先确定的；另一类则是利用现有的能力和可以预测的信息。汉森和他的同事发现，具有丰富弱连接的人际关系网络对开发新产品最有用处，因为一个弱连接的大型网络可以让产品开发团队广泛探讨有益的信息。与此相反，当产品开发工作是利用完善的现有能力时，一个较小的人际关系网络有助于更快地开发出产品。汉森的研究证实了不少人的直觉：**一个弱连接的大型网络对创新和寻找信息有利，而紧密联系的小型网络更适合于利用现有的知识和转化隐性技能。**

不管你是在建立社交关系的过程中，还是已经创建了一个人际关系网络，你创造和利用社交关系的能力部分取决于别人如何看待你，而这些看法在某种程度上取决于你能否在言谈举止中体现出权力。这将是下一章的重点。

第 07 章

权力是“演”出来的，也是“说”出来的

领导力的秘诀就是要扮演角色，要装模作样，要在这门舞台艺术上富于技巧。在日常交流中，不管是寻找工作，还是为了赢得重要合同而向投资分析师演示公司的发展前景，我们都要在说话和行事中体现出权力，这种能力非常重要。

1986 年 11 月，美国海军陆战队中校奥利弗·诺斯（Oliver North）因卷入伊朗丑闻，他在国家安全委员会的职务被里根总统解除。伊朗事件涉及通过中介机构向伊朗出售武器，所获资金则为尼加拉瓜抵抗组织提供财政支持，当时这支抵抗组织正试图推翻尼加拉瓜政府。1987 年夏，诺斯在国会作证，隔年他以 16 项重罪罪名被起诉，包括非法收受贿赂，协助及教唆他人阻碍国会调查，以及销毁文件和证据。虽然有三项罪名成立，但诺斯上诉称陪审员受到了美国国会听证会的影响，而在听证会中，他已被获准免予起诉，因此三项罪名最终都被推翻。在那场美国全国电视转播的听证会上，诺斯承认他销毁了文件并向国会撒了谎，而且就算他没有违反法律向尼加拉瓜抵抗组织提供援助，但他的行为也与此极为接近了。

但诺斯知道如何像握有实权的人物一样说话和行事。这种能力给他的名声和他后来的职业生涯带来了惊人的效果。诺斯为自己和自己的行为辩护，称这是为了更高的目标：保护美国的利益、挽救美国人的生命、保护美国重要情报的机密性、听从上司的命令，等等。但作为一名优秀的海军陆战队中校，他本来就应该按上级命令行事。总之，他是一个好军人。诺斯穿着他的制服出席听证会，尽管他在国家安全委员会工作的时候很少穿制服。他对他做过的事负起责任，说他对自己的行为并“不感到尴尬”，他也不想要解释自己的行为。诺斯称自己已经控制了事态，他经常使用短语“我告诉”和“我导致”。这种措辞表明，他不会逃避他做的事情。当观察者看到人们不否认也不逃避他们的行为时，自然就会推定该责任人不觉得内疚或羞愧，所以也许人们不应该感到太过不安。这样的措辞也显示了权力，显示诺斯正控制着事态而并非“牺牲品”。

离这一事件仅仅 7 年之后，诺斯就利用他在国会作证时制造的名声和激起的同情，参选了弗吉尼亚州参议员。他仅以 3% 之差败给了时任参议员的查尔斯·罗布（Charles Robb）。在那次活动中，诺斯通过直接邮寄助选宣传单的方式获得了 1 600 万美元捐款，使他成为当年获得直接邮件捐款最多的人。如今，诺斯已经出版了几本著作，在《福克斯新闻》担任电视评论员，不管是在公共组织还是在私营机构中，他都是高收入的演讲者。甚至在举行听证会的时候，诺斯都有着正面形象。《华尔街日报》的一篇文章曾向几十名美国高级管理人员提出了这样的问题：你是否会聘用奥利弗·诺斯？“大多数人表示会聘用他……对普通市民的调查反映了诺斯中校人气高涨……56% 的受访者表示将聘用诺斯中校，35% 称不会聘用他，9% 的人表示不确定。”

领导力的秘诀就是“表演”

生物学教授唐纳德·肯尼迪（Donald Kennedy）是美国食品与药物监督管理局前任事务主管，曾任斯坦福大学校长。20世纪90年代初，肯尼迪被卷入间接费用丑闻，因为斯坦福大学无法把运作组织的费用，例如水电费、警察和消防保护费以及如图书馆之类的基础设施费与具体的研究项目挂钩。研究项目经费中的这些支出用一个间接费用率来反映，然后政府根据这个比例向所有的合同拨款。对斯坦福大学和其他研究型大学而言，政府的教育经费不能用于某些支出，比如用于游说、酒类、帆船俱乐部使用的游艇、校长住宅的银器和家具以及一些其他项目，而对这些大学的控诉是，这些费用被计入管理费当中了。

经过好几年的调查、诉讼和审计，事情得到了确认：斯坦福大学不合理地使用了政府教育经费。1981—1992年，斯坦福大学在18 000多个政府资助的研究项目中超额收取了经费，总金额逾数亿美元，最后斯坦福大学同意支付120万美元给政府。

事发之后，肯尼迪也像诺斯一样出现在国会调查委员会的听证会上。但肯尼迪的表现却和诺斯有天壤之别。诺斯单枪匹马地出现在证人席上，旁边只有他的律师。而肯尼迪身边则有一个团队，其中包括安达信会计师事务所的政府合同主管、斯坦福大学的总会计师和助理总会计师，还有理事会主席詹姆斯·盖瑟（James Gaither）。这个团队的出现给大家留下的印象是肯尼迪无法自己回答问题。在听证会上，肯尼迪间接地回答问题，句子冗长而令人费解，他承认“感到尴尬”，而且看上去非常不自在。肯尼迪表现出了懦弱的形象，他看上去问心有愧。此后不久，他就离开了斯坦福大学校长之职。

奥利弗·诺斯和唐纳德·肯尼迪在听证会上表现出的差异，可能与他们的个性和个人风格没有太大关系。肯尼迪不仅是杰出的科学家，也是一位成功的、有影响力的教师，他之前曾在国会作证多次，当看到他在这次听证会上的表现时，很多认识他的人都说他像变了一个人似的。他也为听证会做了事前准备，就像诺斯一样。不同之处在于他们选择如何表现自己、如何采取行动、想给人留下怎样的印象。肯尼迪要表达的是悔悟，诺斯则想表现出难以置信和义愤填膺，比如他怎么可以受到质疑？正如我们将在本章后面看到的，与表达悲伤、内疚或自责的人相比，表达愤怒的人通常被视为更加强大。

领导力的秘诀就是要扮演角色，要装模作样，要在这门舞台艺术上富于技巧。

我们选择了我们行事和说话的方式，这些决定对于获取和保持权力而言非常重要。哈丽特·鲁宾（Harriet Rubin）担任《时代潮流》（*Currency*）系列书籍的编辑工作长达 11 年之久，这个专辑的主题是对领导力的理解。在此期间，鲁宾也进入了领导层，出版了关于领导力的自传和书籍。她的经验表明，领导力的秘诀就是要扮演角色，要装模作样，要在这门舞台艺术上富于技巧。鲁宾的看法是正确的。在我们的日常交流中，不管是寻找工作，还是为了赢得重要合同而向投资分析师演示公司的发展前景，我们都要在说话和行事中体现出权力，这种能力非常重要。

2008 年 5 月，我从一个职业生涯管理服务公司的总监那里收到了一封电子邮件。这封电邮说明了在就业过程中如何“表现自己”的重要性。电邮内容是沃尔玛山姆会员店的面试官在面试过一些学生后，对他们的自我表现做出的评价：

> 有一对学生情侣在面试中显得非常有自信，但一半以上的面试者似乎略有些不自在……给我留下深刻印象的是那些善于表达的学生，他们看着我的眼睛，对我的问题迅速地给出了实例作答。不能打动我的学生，则是那些说话磕磕绊绊、眼睛望向别处、举一些基本例子都很困难的学生。

虽然研究表明，作为选择机制，面试既不可靠也缺乏效果，但人们仍然普遍使用面试来甄选人才。人们在与他人交谈时留下的印象很重要，因为这会大大影响他们获得工作或升迁的可能性。我们如何展示自己，如何展示自己的想法，这只是一种“表象”，别人根据我们的“表象”来判断我们，这似乎并不正确，但是世界并不总是公正的。**为了有效地被别人所理解，我们需要掌握表现得拥有权力的方法，我们需要在言谈举止中体现权力。**

阿图萨·鲁本斯坦（Atoosa Rubenstein）1993 年进入《时尚》（*Cosmopolitan*）杂志，担任时尚助理。5 年之内，她升任高级时尚编辑。鲁本斯坦在赫斯特杂志公司总裁凯思琳·布莱克（Cathleen Black）的鼓励下，构思出了《时尚·娇点》（*CosmoGIRL!*）杂志的概念。在 1999 年，鲁本斯坦 26 岁的时候，她成了这本杂志的首席编辑，在赫斯特公司 100 多年的历史中，她是第一个在这样的年纪就得到了这类职位的人。2004 年，她跻身哥伦比亚大学历史上最杰出的 250 名校友之列，并获得了很多荣誉。鲁本斯坦认为，她早期的成功来自展示了一个适当的形象。她说：

> 我是一个演员。在工作中，我的主要工作特性就是“表演”。我没有什么创造性，但当我不得不作秀的时候，我真的可以秀一下。我穿上表演服装，扮演人们需要我扮演的角色。邦妮，《时尚》的主编，需要我穿戴非常时髦。于是我做了发型，精心搭配衣服，显得有异国情调。我一开始是做后台工作，但由于这个原因，我开始在杂志上亮相……后来，赫斯特公司总裁凯思琳开始让我代表《时尚》杂志在正式场合中亮相。

“演”出权力的六大原则

彼得·尤伯罗斯（Peter Ueberroth）曾是美国《时代周刊》年度人物，他成功地组织了1984年的洛杉矶奥运会，作为棒球联盟前主管，他的业绩也非常出色。尤伯罗斯最喜欢的格言之一就是：“**权力之中有20%是被赋予的，有80%是自己获取的。**”这句话真是意味深长。如果你要获取权力，你就需要表现出信心，就像奥利弗·诺斯和沃尔玛的求职者案例中所显示的一样。即使是当你不知道自己在做什么的时候，也需要表现出信心；而且可能在这种情况下，特别需要表现出信心。

安迪·格鲁夫（Andy Grove）是英特尔公司的创始人之一、董事长和前CEO，在他自己或其他任何人预测未来技术趋势的问题上，他表现得十分谦虚。格鲁夫在硅谷论坛上被问及这样一个问题：当你不能确定你或你的公司的发展趋势时，你如何进行领导呢？他回答说：“部分在于自律，部分在于欺骗。而欺骗会变成现实。从这个意义上说，欺骗就是你在给自己打气，表现出来的样子比你一开始时的感觉要好。但如果你表现得自信，经过一段时间，你就变得更加自信。因此，欺骗的成分也就减少了。”

格鲁夫非常了解“表演”的重要性。正如哈丽特·鲁宾所指出的一样：“格鲁夫要公司里那些优秀却害羞的经理参加一个名为‘狼族学校’的研讨会。与会者将学习如何摆出一副主管的面孔，大声喊出自己的想法或建议……就算他们本来没有那么嚣张，也必须假装出嚣张的样子来。”

安迪·格鲁夫很明白像实权人士一样行事的三个重要原则。

第一，最开始是表演，过一段时间后，就变得没那么像表演了。随着时间的推移，你会更加喜欢你的行为，你会更自信，更强烈地相信你说的话的真实性。关于态度和行为之间关系的社会心理学研究证明，行为产生态度。

第二，你表达的情感，比如信心和快乐，会影响你周围的人，情绪是有传染性的。如果你面带微笑走过机场通道，你可以看到人们用微笑向你致意，然后你试试改变面部表情，皱着眉头走过机场通道，你看到的也是人们对你皱眉。一个有关情绪感染及其在营销中的应用的研究发现，当一个人笑的时候，接触到他笑容的人会更开心，对产品也会有积极的态度。积极的态度不仅从人传染到人，而且当有人因与兴高采烈的人接触而心情大好时，这种情绪也可以波及其他事物，比如要购买的东西。

第三，情绪和行为可以自我强化，如果你微笑，然后别人微笑，你就更有可能感到快乐并更有可能微笑。人际互动的这种反射性意味着，某种情绪或感觉一旦产生，就可能会相当稳定。格鲁夫可能不得不率先表现得有信心和有见识，但当其他人“捕捉到”这个感觉时，它就会反射回来，使格鲁夫自己更有信心。

权力之中有20%是被赋予的，有80%是自己获取的。

如果“表演”是一项重要的领导技能，而且对于获取权力也很重要，那么知道如何表演就很重要了。其中一个原则就是，你必须表现得有信心。接下来，让我们来看看其他原则。

留意你的观众

加里·洛夫曼（Gary Loveman）是凯撒娱乐公司（Caesar's，前身为哈拉斯娱乐公司）的CEO，他明白，因为很多员工可能一年只有一次机会见到他，他需要在他们面前进行“表演”。即使是在短暂的互动中，洛夫曼也必须向雇员展示他的亲切和对工作的投入，让他们知道他们可以信任他。即使他很累或感觉不舒服，在公开露面中，洛夫曼也会表现出有活力、有强烈竞争心的样子。而正是这种竞争活力帮助凯撒娱乐公司获得了成功。

你甚至想象不到自己是多么频繁地站在“舞台”上，而且人们不仅仅是以高级领导者的标准来审视你。莫腾·汉森曾在位于法国的欧洲工商管理学院（INSEAD）授课，之后又在加州大学伯克利分校任教。他曾告诉我说，有一天他在课堂上看学生做小组演示，当时他刚刚结束了一次长途旅行。由于他坐在教室的前方，很多学生也在看着他。他们注意到他显得有些疲惫，就认为他对学生们的演示不感兴趣，而且学生们还把这件事告诉了他。有了这次经验后，汉森开始有了更好的“舞台”意识，即使是在没有观众的情况下也不会松懈。

如果你想表现出在会议和其他交流中很投入，想表现出很关心你身边的人，那就要放下你的手机、笔记本电脑和其他所有会占据时间和精力的设备。当你一边阅读电子邮件，一边与人交谈或开会时，你会传达一个明确的信号：我有其他的事情，这些事情比关注你更重要。有些人会告诉你，在今天这个充斥着高科技产品的世界中，很多人都患有注意力缺乏障碍，因此这种粗鲁的表现是意料之中的事情。人们也在人际交流中目睹他人同时处理多项任务，可能已经把漫不经心的交流视为一种常规做法了。因此，如果你像西班牙 IESE 商学院教授努丽娅·钦奇拉（Nuria Chinchilla）一样行事，在与别人见面时关闭手机并放到一边，就会产生很强烈的效果。当你表现得像美国电影协会的杰克·瓦伦蒂一样，跟人们打电话或亲自会面时，你就会拥有更大的影响力，会更加令人难忘，也会更有权力。

表现出愤怒，而不是悲伤和悔恨

奥巴马的幕僚长，前伊利诺伊州众议员拉姆·伊曼纽尔以脾气火暴而闻名。根据瑞安·利扎（Ryan Lizza）在《纽约客》杂志对伊曼纽尔的描述，他的愤怒往往会起到不错的效果：

> 伊曼纽尔似乎在利用他那火山爆发般的脾气恐吓对手……但他自己从未在战斗中完全失控……伊曼纽尔的一个老朋友格林伯格（Greenberg）认为，他的夸张举动已经是他成功不可或缺的因素之一。格林伯格说："要明白，被画进漫画和被视为神话总是有好处的。伊曼纽尔觉得他的不满情绪可以公告天下，没有充分表现他这一外露情绪特征的民意测验专家收到了他送的死鱼。伊曼纽尔的表现意味着他愿意超越一般规范和界限，敢于表现得蛮横无理，而且他对蠢人没有耐心。"

对伊曼纽尔有用的做法可能也会为你带来更好的效果。伊曼纽尔位高权重，而且人们知道这一点，你的情况可能有所不同。有时候你和同级别的同事们一起工作，你想对他们施加影响；有时候，你实际掌握的权力显得有点模糊，不够明确。在这种情况下，表现出愤怒是相当有用的。

研究表明，表达愤怒的人常被视为“占优势的、强大的、有能力的和聪明的”，当然人们通常不会认为这样的人友好温和。

社会心理学家拉丽萨·蒂登斯（Larissa Tiedens）对有关情感表达和权力之间的关系进行了研究。蒂登斯和同事们使用三个小场景来研究人们如何预估地位高低不同的人的情感表达。研究人员发现，**在情况不利的情况下，参与者认为地位高的人会更多地表现出愤怒，而不是悲伤或内疚，而地位低的人则会更多地表现出悲伤或内疚，而不是愤怒。**第二个实验显示，参与者认为愤怒的人地位较高，认为悲伤内疚的人地位较低。

蒂登斯在另一系列的实验研究中发现，**人们实际上赋予了表达愤怒而非悲伤的人更高的地位。**在其中一项研究中，参与者观看了美国前总统克林顿在莫妮卡·莱温斯基丑闻案中作证时的视频剪辑。在一个视频中他表现得很愤怒，在另一个视频中，他垂下头，避免目光接触，这是人们内疚和悔恨时的典型表现。与看到后一个视频的参与者相比，看到前一个视频的参与者明显更支持克林顿。他们认为这表明他是一个掌握着权力的人。在第二项研究中，为了避免参与者对克林顿事先抱有的成见影响研究结果，研究者让匿名的演员扮演了一名政治家，发表了关于恐怖主义的演讲，两次演讲词是完全一样的，在一个视频中他表现得非常愤怒，在另一个视频中他表现得好像很伤心。研究显示，参与者更有可能表示他们将投票支持愤怒的政治家，而不是悲伤的政治家。他们还认为，愤怒的人会是更好的政治领袖。

当一个人表现出愤怒而不是悲伤时，人们常常认为他更有能力。

蒂登斯还在一家软件公司开展过一项研究。在这项研究中，人们对自己的同事进行评价，评价他们表现出各种个人情绪的频繁程度。那些表现出更多愤怒情绪的同事，被人们作为了潜在的榜样，人们希望向他们学习。

在同一论文的另一项研究中，参与者会把更高的职位和薪酬提供给那些称自己常常愤怒的求职者。**当一个人表现出愤怒而不是悲伤时，人们常常认为他更有能力。**

如果你表现出愤怒情绪，你不仅可以获得更高的地位和权力、显得更有能力，而且别人也不愿意冒犯你。毕竟，谁愿意成为愤怒者的炮灰呢？难怪“巴顿将军会对着镜子练习皱眉头”。政治评论家，前立法助理克里斯·马修斯（Chris Matthews）在谈到缅因州的前参议员埃德·马斯基（Ed Muskie）时说：“为什么要与这个人纠缠呢？为什么要让你自己一整天都不开心呢？坏脾气是一个非常强大的职场政治工具，因为大多数人不喜欢与坏脾气对抗。”

这里重要的问题是：表现愤怒这个建议是否适用于不同的性别和文化？它是否仅仅对美国的男性有效果？催化剂公司（Calalyst）是一个帮助女性在职场中发展的组织，它对 1 200 名高层管理人员进行了调查，发现人们认为更自信的、表现出更多野心的女性过于强硬，也缺乏女性温柔，但同时也认为她们更有能力。一些实验研究显示，女性从表现愤怒中获得的好处比男性少。关于情感表达与性别的相互作用对“地位授予”（conferral of status）的影响，社会心理学家维多利亚·布莱斯科尔（Victoria Brescoll）和埃里克·乌尔曼（Eric Uhlmann）进行了三项研究。他们发现，男性和女性都会“授予”愤怒的男性专业人士更高的地位，并且高于愤怒的女性专业人士。而且，愤怒的女性，不论其职级如何，只要她们表现出愤怒，就会比她们没有表现愤怒时被“授予”的地位低。另一项研究支持了这种刻板印象：男性更占主导，女性更具亲和力，所以人们预期男性会比女性表现出更多的愤怒。

如果你表现出愤怒情绪，你不仅可以获得更高的地位和权力、显得更有能力，而且别人也不愿意冒犯你。

当我问起蒂登斯这个问题时，她告诉我说，即使他们一直努力去寻找差异的存在，她和她的同事们进行过的研究中并没有发现任何性别差异。她还指出，当女性愤怒时，她们往往不像男性那样表达愤怒。女性更多地以"顺从"的方式显示出愤怒情绪，比如双臂抱臂、声音提高，甚至哭泣。蒂登斯认为，强烈地表现愤怒，让其他人处于防守状态，这种做法对女性和男性都有效。

表达愤怒这种做法的有效性是否存在性别差异，这一问题目前仍然没有明确的说法。是被大家看作招人喜欢、与人相处融洽的人，还是显得很有能力却对人不够友好的人，如果你必须在两者之间做出选择，那么你应该选择后者。**只有在你已经具有能力之后，自谦和幽默才管用**。正如以色列前总理果尔达·梅厄（Golda Meir）说的一样："别那么谦虚，你还没有优秀到可以谦虚的地步。"

强烈地表现愤怒，让其他人处于防守状态，这种做法对女性和男性都有效。

注意你的姿势和手势

有证据表明，**个头更高的人赚钱更多，更容易占据权力较高的位置**。也有充分的证据表明，**悦人的容貌会带来更高的收入**。无须使用增高鞋垫，也无须做整容手术，你可以在现有的基础上做很多事情。得体的穿戴、举止可以传达出权力和地位的信息，让你看起来很符合你所渴望的位置。你可以改变你的发型，改变你的衣服的样式和颜色，从而改善自己的外表。你应该向专业人士寻求帮助，以便更好地通过外表来提升你表现出的影响力。

除了衣服和发型，你还可以"举止有力"（move with power）。比尔·英格利希（Bill English）是一位演员、导演，也是旧金山剧场的联合创始人。在他教导人们如何“举止有力”时，他经常批评人们的不当姿势。如果人们感到紧张或不自在，他们往往就会缩手缩脚、含胸驼背、双手抱臂，这基本上是一种防御性的姿态。如果你想要表现得强大，这样做是不行的。每个人都可以做到笔直站立而不是无精打采，挺胸抬头而不是含胸驼背。向前迎向某个人，站得离别人近一些，这样的姿态传达了权力信号；而背对某人，或者向后退却，则表达了相反的信号。

手势也可以表现出权力和决断。类似画圈的手势或挥舞双臂，会削弱你表现出的权力。手势应该简短有力，不要拖沓，也不要画圈。直视别人的眼睛不仅能表现出力量，也显得诚实和直率，而低头是一种缺乏自信的表现。目光躲闪会让人认为你是在遮遮掩掩。

使用记忆来获得所需的情感

有时你需要表现出你没有感觉到的情感，比如当你感觉不确定时要表现出信心，当你愤怒时要表现出害怕，当你觉得不耐烦或失望时要表现出怜悯和同情。要表现出你所需要的情感，你可以回忆某个时刻和事件，它们要能够让你感觉到你在这一刻所需要的情感。对这些事件的回顾，将给你带来相关的感受，然后你就可以表现出这些感受了。从这个意义上说，表演并非不真实，并不是在展示你没有感受到的东西。相反,表现举止（包括“有力的举止”）需要你挖掘自己的真实感受，只是要在一个不同的时间和地点中挖掘。

向前迎向某个人，站得离别人近一些，这样的姿态传达了权力信号；而背对某人或者向后退却，则表达了相反的信号。

在很多情况下，你需要同时表现出多种情感。比如在担当一个掌握实权的新角色时，你会希望表现出信心、表现出你知道自己在做什么的感觉，以便鼓舞你周围的人，让他们追随你。但在同时，你可能也想表现出谦虚，表现得与你周围的人关系融洽，这样他们就不会觉得你很傲慢，而且会给你提供帮助。同时表现出几种情感，有时甚至是相互矛盾的情感，这需要更多的技巧和实践，但基本原理是一样的：**同时回忆某些人或事，这些人或事能够触发你所需要表现的每种情感。**

设置舞台和管理环境

表演者“在舞台上”进行表演，而你为自己设置的环境与你是否能获得尊重有很大关系。环境设置可以有助于或是有碍于我们的目标达成，而人们常常会忽视这一点。

环境设置可以体现权力和地位。旧金山的一家著名律师事务所位于非常昂贵的办公楼中，其室内陈设更是奢华铺张。当我问及此事时，这家事务所的一位合伙人说，客户是不会为廉价的金属办公桌支付高昂的费用的。美国总统的椭圆形办公室在这方面尤为如此，很多总统都利用这个办公室标志性的地位来影响能够帮助他们的人。他们带这些人来到富有历史意义的办公室中，巧妙地让对方感受到总统身份的显要尊贵。

彼得·尤伯罗斯在执掌棒球联盟后，开始针对一个富裕而独立的群体建立他的权力，这个群体实际上是他的老板。他通过管理棒球队老板会议的方式来帮助自己建立影响力。尤伯罗斯把会议次数增加了一倍，定为每年开 4 次会，并坚持所有老板必须亲自出席，而不是派代表参加。他把会议安排在老板们不熟悉的地方，并使用课堂式的分层会议室，让老板们的注意力集中在房间的前面。通过这样的座位安排，他巧妙地提醒老板们：自己是“老师”，他们是他指导的“学生”。虽然尤伯罗斯已经从 1984 年成功举办洛杉矶奥运会中获得了很高的声望，但这样的环境设置仍然帮助他树立了高于老板的权威。

不必急于给出回应

有些人之所以被视为没有实权，原因之一是他们在心慌或不确定的情况下就开始说话了。在训练人们像有实权的人物一样行动时，旧金山剧场的联合创始人比尔·英格利西把受训者们置于这样一个场景中：他们刚刚成为一家药品制造公司的CEO，前任CEO因丑闻而离开，该公司不得不召回所有存在安全问题的产品，这让员工们内心不安，害怕失去自己的工作。英格列西要求受训者进行演讲，给员工灌输信心，刺激他们付出努力，并让他们接受受训者的领导者角色。

> 呼吸，花时间让自己镇定下来，这会比莽撞回答能带来更好的效果。

有些受训者在这项任务中表现得非常出色，他们虽然在观众面前感受到了巨大的压力，想要填补句子之间的停顿，但他们仍然集中思想并保持镇定，频繁地做出停顿，还似乎在停顿了很长时间之后才又开始说话。他们知道自己会说什么，并有意识地考虑了如何利用空隙和他们的举动来激发观众的信心，控制了自己的紧张情绪，从而对观众施加了影响。显然，为重要演讲做好准备始终是可取的。但有时会出现你没有防备的问题或评论，让你处于毫无准备的情况之中。呼吸，花时间让自己镇定下来，这会比莽撞回答能带来更好的效果。

“说”出权力的三大策略

人们使用的语言以及他们进行演示和辩论的方式，有助于权力的确立。伟大的演说家可以打动听众，马丁·路德·金著名的“我有一个梦想”的讲话，伊利诺伊州参议员巴拉克·奥巴马成功当选美国总统，就是两个明显的例子。然而，权力不仅产生在巨大的讲台上，也产生于私人交往和小型会议中。当你想在讲话中体现权力的时候，有一些行之有效的策略，可以帮助你巧妙地赢得更多的影响力。

打断

在所有的人际互动中，打断是权力的来源之一。有权力的人打断别人，权力较小者被人打断。会话分析领域的一些学者指出，在交谈中打断别人虽然没有礼貌，但可以显示出权力，这是一种有效的权力举动。男性比女性更经常地打断别人，医生很少长时间倾听病人说话而不打断。在各种情况下，谈话模式都会强化权力和地位差异；这些差异产生于其他来源，比如一般社会期望和专业人士的权威。

权力不仅产生在巨大的讲台上，也产生于私人交往和小型会议中。

奥利弗·诺斯和唐纳德·肯尼迪的听证会就体现了这一现象。诺斯有一次阻止了询问者的打断，他举起了他的手指说：“让我说完。”他拒绝自己的发言被打断，而且有几次，他说话的声音甚至高过了律师和立法委员。与此相反，唐纳德·肯尼迪在请求得到许可时才继续发言，他会问“我可以继续吗”，之后还感谢国会议员允许他继续讲述某个事件。

质疑讨论的前提

社会学家哈维·莫罗奇（Harvey Molotch）和黛德丽·博登（Deidre Boden）曾研究过迫使理查德·尼克松下台的水门事件听证会，他们指出，权力有三个方面。

有权力的人打断别人，权力较小者被人打断。

第一个方面是赢得直接争论的能力。例如，在是否推出新产品的争论中，你能不能让自己的观点占上风？第二个方面比较微妙，它是指你能不能决定议程，能不能决定是否在议程中就一些具体问题展开讨论。比如，引进新的产品或服务这个问题，是否甚至会让大家讨论呢？第三个方面则更加微妙，它是指你能否决定人际互动的规则，议程和结果就是通过这种人际互动形成的。

要有人际互动，我们至少必须有一些共识，否则我们永远无法交流。莫罗奇和博登在分析水门事件听证会中发现，占据优势位置的一方可以用这样的方式来施加影响：**质疑和挑战对方陈述背后的基本假设，**这也是在人际互动中获得权力的一项策略。

约翰·迪恩是尼克松总统的法律顾问，在水门窃听案事发后及作案者被逮捕后，他组织了掩盖真相的活动。迪恩最能揭露总统对水门事件的参与，因为尼克松曾经说过什么、做过什么，他都可以作为在场证人。共和党参议员爱德华·格尼（Edward Gurney）试图攻击迪恩的证言可靠性，他不让迪恩按照惯例进行动机陈述等发言，执意迪恩讲述“事实”。迪恩表示，总统对他做的事表示赞赏，暗示总统知道他做的掩盖活动。毕竟，如果你不知道为什么要感谢一个人，那你怎么会感谢他呢？格尼质疑这种解释，他指出，从来就没有任何关于掩盖活动细节的、清晰的交谈证据。

在商务会议中，也有人使用类似的手法来获得权力。大多数公司都把策略和市场动态视为理所当然的事，如果有人挑战这些假设，比如公司如何开展竞争，如何衡量成功，其策略是什么，现在和将来真正的竞争对手是谁，那么这就是一个非常激烈的权力游戏了。一个人把看似合理的常识性问题摆到了桌面上，吸引了大家的注意力，让大家不得不重新讨论事情的一贯隐含假设。

语言有说服力

有影响力的语言能够引起强有力的画面感和情绪，甚至于可以压倒理性。这样的语言是令人回味的、具体的，其中包含着强有力的措辞，能产生视觉形象。1940年5月，温斯顿·丘吉尔成为英国首相。丘吉尔身高仅约1.72米，当时他65岁，离开权力中心已有10年之久，英国也正面临着不确定的前景和第二次世界大战的劫难。但丘吉尔的演讲帮助自己建立了自己的权力和形象，也起到了团结民众、扭转战局的作用。

> 若问我们的政策是什么？我的回答是：陆、海、空全面作战，尽我们的全力，尽上帝赋予我们的全部力量去作战…… 若问我们的目标是什么？我可以用一个词来回答，那就是“胜利”！不惜一切代价，去夺取胜利，不惧一切恐怖，去夺取胜利，也不论前面的路如何漫长、如何艰苦，去夺取胜利。因为没有胜利就不能生存！

丘吉尔了解语言的力量，有一次他曾说：“话语是唯一永恒的东西。”奥利弗·诺斯也了解语言的力量。在听证会上，他说，他会为伊朗人提供前往迪士尼乐园的免费旅行，只要这样做能让人质回家，由此，听众可以在脑海中勾画出迪士尼乐园和人质的形象。相比之下，唐纳德·肯尼迪的间接费用听证会上充斥了太多枯燥的词汇，比如为政府审查合同的各种机构，以及谅解备忘录中的说明等，这让人觉得，即使在技术上他没有违反规例，但他试图畏缩于法律的技术性保护之中，而不是勇敢面对是非曲直这样的常识性问题。

社会学家和会话分析师马克斯·阿特金森（Max Atkinson）对演讲

和日常交谈进行了分析，以了解说服力的来源，以及是什么使说话者显得拥有权力。他注意到，**有些词语对鼓动情绪十分重要**。比如，在美国像“社会主义者”“自由市场”“官僚主义”和“国家安全”这样的短语。此外他还发现，**那些促进认同感和归属感的语言具有说服力，可以支持你和你的想法**。总统候选人约翰·麦凯恩（John McCain）在竞选中使用了像“我的朋友”和“我们”这样的短语，这就是这类语言的一个很好例子。这些词句所暗示的共同纽带让听众相信，你和他们有着同样的观点。

除了使用唤起情绪和表达共同利益、特征的词句之外，阿特金森还总结了使演讲更具说服力的方法，其中有 5 个语言技巧。

1.“我们”对“他们”。“当谈到增进群体团结的时候，众所周知，抵御外来威胁一直都是非常有效的战斗口号，无论这种威胁是真实存在的还是想象的。”在 1994 年，美国联合航空公司进入加州市场时，当时的西南航空公司 CEO 赫布·凯莱赫（Herb Kelleher）让其雇员拍摄了一部影片。这部影片将联合航空公司描述为旨在打击西南航空公司的“战争机器”，并敦促西南航空公司上下团结一致，提供优质的客户服务。苹果公司的联合创始人和 CEO 史蒂夫·乔布斯，最初曾将矛头指向 IBM，例如在苹果公司著名的“1984”广告中，后来他又将微软作为威胁来激励苹果员工。

2. 在重点处停顿，并通过稍微延迟来鼓励听众给予赞同甚至掌声。“在完成句子之前做一个停顿，并稍微延长谈话的最后部分，这是大多数演说噱头的普遍特点。”

3. 使用三项结构列举法或是一般列举法。“三项结构列举的主要好处之一是，它们让人觉得既协调又完整。”列举法让演讲者显得深思熟虑，好像对问题的各个方面和多种替代方法都仔细考虑过了。

4. 使用对比，即用长度和语法相似的词句，将一个东西与另一个做比较。人们会策略性地使用对比来表明一种看法。2009 年，在美国进行的关于医疗保险改革的激烈辩论中，有些人会提出这样的问题：你希望自己的医疗决定是由你和你的医生做出呢，还是由某些政府官员做出？他们运用了对比：贪婪的保险公司会在人们生病时扔下他们，而且也不管保险生效前已患上的疾病，你是想让保险公司来做决定呢，还是你自己和你的医生来做决定？对比作为一种修辞手法，在某种程度上依赖于“我们”与“他们”的对照；而且对比会产生明确的比较，这种比较的表述方式有利于讲话者所倡导的理念。

5. 避免使用演讲稿或笔记。在没有笔记的帮助下发言，这说明你掌握了内容，你的话是自然说出来的。此外，不使用演讲稿或笔记，可以让发言者与听众保持目光接触。美国电影协会的杰克·瓦伦蒂经常在国会作证。他说许多人在作证时都使用笔记，但他却没有用笔记，他希望他的话充满活力，而且是自然说出来的，这样可以体现他对问题了然于胸。正如他所说的：“对于你熟知的主题，如果你不能在不用笔记的情况下讲 5 分钟，那就说明你做事没有用心。”幻灯片演示的效果很好，当然，前提是幻灯片是为观众而做的，而不是为演示者而做的。

除了以上的阿特金森发言技巧外，我还想补充一个重要建议，即适度地使用幽默。就像小说家萨尔曼·拉什迪（Salman Rushdie）在一个电台节目中所指出的：“如果你让人们笑了，接下来你说什么他们都会接受。”

罗纳德·里根 1984 年竞选总统连任时，他的竞选对手是明尼苏达州参议员乔治·蒙代尔（George Mondale），到那时为止，里根是美国历史上最高龄的总统竞选者。（约翰·麦凯恩在 2008 年竞选总统时，年龄超过了里根。）在一次总统辩论中，有人问里根，他是否认为年龄将会成为竞选中的问题，这是在暗示他高龄参选是个问题。而里根面带微笑回答说，他不会拿对手的年轻和缺乏经验来说事儿。大家都笑了，里根用幽默化解了潜在的棘手问题，让听众对这件事一笑了之。

记住这个教训

通过分享笑话，你可以解除听众的防备，而且幽默也有利于创造你和听众之间的纽带。

要让语言有说服力，句子结构也很重要。伊利诺伊大学教授斯坦利·菲什（Stanley Fish）让他的学生们研究了两位总统候选人乔治·W. 布什和约翰·克里（John Kerry）在 2004 年总统选举期间的部分演讲。他指出，无论学生们自己的政治观点是什么，他们都认为小布什的演讲效果更显著。小布什一般会从一个简单的陈述句开始演讲，比如“我们的策略是成功的”。他也会重复一些词句，正如菲什所说：“在声音的重复和论点的完备之间当然没有任何逻辑关系，但如果运用巧妙，重复可以强化和巩固逻辑点，甚至在没有逻辑点的时候制造出存在逻辑点的幻觉。”相比之下，克里使用的句子结构更迂回纠结，他的用词也似乎缺乏总统风范，例如“愚蠢的”，而且克里还经常假定他的听众知道一些他没有提供的信息。

我们经常会避免让我们感到不舒服的情形，但如果想在言语和行事中更好地体现出权力，没有任何东西可以替代经验。你应该寻找机会，代表你的公司在俱乐部或专业团体中发表演讲，并且找人观察你的演讲，提供反馈意见，指出你在哪些方面做得好，哪些方面做得不好。

你的社会关系以及你如何通过言谈和举止表现你自己，这些都是树立声望和形象的组成部分。声望是权力的重要来源，在下一章，我们将研究建立声望的其他方面。

第 08 章

建立自己的声望

精心描绘出你想要创造的形象，利用媒体来帮助你建立知名度，让别人赞美你，并战略性地传达负面却不致命的个人信息，让雇用你和支持你的人即使充分了解你的一切弱点，但仍然选择雇用和支持你。

有两位非常成功的、几乎是偶像型的美式橄榄球教练，他们带领球队参加了差不多同样数量的比赛，其中一个的获胜率是76%，另一个的获胜率是61%。两个人都曾带领球队获得过美国全国橄榄球联赛冠军。但是，一个在40岁出头时就辞职了，如果他不辞职，球队老板就会解雇他；另一个则一直都在执教，无论是在职业球队里还是在大学球队中，他都没有非自愿地或被迫离开过。离开的那个教练是约翰·马登（John Madden），他有较高的获胜率；而从未被迫离开教练职位的是比尔·沃尔什（Bill Walsh），他的绰号是“天才”。很少有人或组织会解雇“天才”，让天下人都知道他们做了解雇天才的事情。

通过上面这个案例我们知道：你的成就固然重要，但你的声望也很重要。因此你必须建立你的形象和声望，这个策略不仅可以为你建起一条通向权力的路径，而且在你获得权力后，它也能巩固维护你的地位。

声望很重要，不仅在职业橄榄球界是如此，包括商业在内的所有领域内都是如此。有一个实验对人们获得的绩效评估进行了研究，**他们发现，与那些实际上表现很好却没有给人留下如此印象的人相比，能够创造**

良好印象的人获得的评分更高。让我们再来看看企业高层。在当今世界中，越来越多的CEO职位由外部人士获得，董事会寻找那些被华尔街和商业媒体认同的人担任CEO，因此一个超级巨星可以改变谈判中的力量对比。你不再需要与人竞争职位，也不需要向董事会和高级管理人员推销自己，你的一流声望将让公司争相聘用你。如果你拥有的声望能够让聘用你的公告引起股价上涨，那么公司就会花费巨资来争取聘用你这样一个“企业救星”。即使有证据表明招聘外部人士的效果经常不尽如人意，即使你在管理界的辉煌名声只是个神话而非现实，公司也仍然会花巨资聘用你。

有时候声望是属于个人的，但有时候，个人拥有良好声望是因为他们和高级机构的联系。通用电气公司被认为是优秀的高层领导者的摇篮。因此，高级管理人员可以离开通用电气去其他公司担任CEO，并获得高薪，因为金融市场对此有非常高的预期。

哈佛商学院教授鲍里斯·格鲁斯伯格（Boris Groysberg）和同事研究了在1989—2001年期间，离开通用电气公司的高管去另一个公司担任的最高职位。在20个案例中，有17例在宣布了聘用公告后，股市的反应很积极，公告宣布当日，聘用公司的股票市值平均上涨了11亿美元。在某些情况下，聘用公告会带来股票市值的巨大增长，比如家得宝公司聘用罗伯特·纳德利（Robert Nardelli）时，股东价值增长近100亿美元。

格鲁斯伯格的研究表明，领导者并非处处皆宜，像这样聘请外部人士往往效果不好。但对于声望出众的领导者来说，却不成问题：当纳德利被迫离开家得宝时，他获得的补偿总值约2.5亿美元。纳德利的声望显然依旧，即使没有汽车行业的经验，他也能去克莱斯勒汽车公司工作。而克莱斯勒随后则陷入了破产危机。

要建立让你掌握权力的声望，其基本原则非常明确，即早早地留下一个好印象，精心描绘出你想要创造的形象，利用媒体来帮助你建立知名度，打造形象，让别人赞美你，以便使你跳出自我宣传的嫌疑，并战略性地传达负面的却不致命的个人信息，让雇用和支持你的人即使充分了解你的一切弱点但仍然选择雇用和支持你。而你成功的关键就在于执行这些步骤。

留下第一印象的机会只有一次

“社会知觉”（Social Perception）是指人们如何形成对他人的判断。我们持续不断地形成这样的判断，以便在这个世界中顺利地运作。人们对社会知觉进行过广泛的研究，这些研究揭示的几个与树立声望有关的重要事实，将有助于你创建权力基础。

第一个事实是，人们在与你接触的最初几秒，甚至几毫秒内，就开始形成对你的印象了。印象不只是关于你本人、你的举止，以及你的工作绩效所表现出的大量信息，而且也是对你的面部表情、姿势、声音和外表的初步观察结果。一项研究发现，人们在最初11毫秒中对他人得出的印象，与没有时间限制时得出的印象高度一致。这意味着，非常短暂的接触就足以让人形成相当稳定的印象。这一结果表明，“在言行中体现权力”的内容确实很重要，你如何给人留下第一印象非常关键。

非常短暂的接触就足以让人形成相当稳定的印象。

第二个事实可能会让你大吃一惊：快速形成的第一印象在预测其他更持久的、更重要的评价时非常准确。对于在临床和社会心理学许多领域中预测的准确性，社会心理学家娜里妮·安贝迪（Nalini Ambady）和罗伯特·罗森塔尔（Robert Rosenthal）对现有的统计研究做了总结分析。

> 他们发现，从不到5分钟的短暂举止中，就可以得出对一些事的准确预测，例如对人们性格评估的预测。此外他们还发现，基于非常小的举止样本（只有不到半分钟）的预测，与使用更长时间（4～5分钟）举止样本所形成的印象相比，在准确性上是一致的。在一个给高校教师评分的实证研究中，安贝迪和罗森塔尔指出，人们在观看了这些教师不到30秒的无声视频之后给出的评分，与学生们在季度末给出的评分相当一致。另一项研究则针对中学教师，人们在观看极短的无声视频之后给出的评分，与校长对教师们的评分相当一致。

声望和第一印象不仅能够迅速地形成，而且在形成后也会保持很久。研究发现，有四个过程解释了第一印象的持续性，或者说是展示信息秩序的重要性。这四个过程都在一定程度上合理可信。在思考如何留下了良好的第一印象时，我们不需要知道具体是哪个过程在起作用。

第一个过程是“注意力下降”（Attention Decrement）。当人们对他人形成判断时，他们对较早的信息关注较为密切，因为疲劳或无聊，他们对较迟的信息的注意力下降了。当你第一次见到某个人时，你会比较注意他说了什么、做了什么，因为你想要了解他，把他整理归类，比如按照你认为他们掌握多大的权力、对你有多大的帮助来归类。过了一阵子，当你认为你已经了解他们了，你就不会再密切地关注他们的言行。比如你坐在一个会议室中，当你认为你知道其他人会说什么时，你就不再关注他们实际上说的内容了。

> 一旦人们对某个人形成了印象，他们就不会承认任何与他们最初想法不一致的信息。

第二个过程是“认知漠视”（Cognitive Discounting）。一旦人们对某个人形成了印象，他们就不会承认任何与他们最初想法不一致的信息。在对他人印象的决定和判断比较重要时，这个过程特别常见。谁愿意承认自己在一些重要事情上存在失误呢？承认自己的失误会给我们的自我形象带来消极的后果。因此，人们非常容易漠视与最初印象不一致的信息，而寻求那些支持我们最初判断的数据。

第三个过程是“行为动力”（Behavioral Dynamics）。人们会做出某些行为，这些行为有助于让他们对别人的初步印象转变成真。在一项研究中，面试官以考试成绩和简历为基础，对求职者形成了初步印象，然后进行实际的面试。如果面试官已经对某位求职者形成了良好的初步印象，他们就会在实际面试中向他显示出积极的信号：即更多地“兜售”公司，提供更多的就业及公司信息，较少向求职者提出资料要求。如果面试官认为自己会喜欢某位求职者，他们就会与这位求职者建立更融洽的关系。还有一些研究表明，当人们相信自己在与一名胜任某个职位的聪明人交流时，他们会向对方提出问题、提供机会，以便让对方展示才干和智慧。可见，行为动力机制倾向于巩固人们的初步印象和声望，并倾向于让这些印象成真，即使它们一开始并不是真的。

行为动力机制倾向于巩固人们的初步印象和声望，并倾向于让这些印象成真，即使它们一开始并不是真的。

第四个过程是“偏见同化”（Biased Assimilation）。在这个过程中，人们在理解和解释较迟的信息时，会让它们与我们原有的信念和判断相一致。

查利·瓦隆（Charlie Varon）是一位喜剧演员、剧作家和表演艺术家，有人请他在 2001 年加州医学协会（California Medical Association）会议上发表演讲。

观众本来预期会在午餐时看到喜剧。但瓦隆与东道主合作，将自己装扮成虚构的阿尔宾·阿维格尔（Albin Avgher）博士。面对由医生和律师组成的观众群，他利用捏造出来的各种统计数据，讲解了他的“人际交往理论”。在观众们被告知这是一个玩笑之前，大家几乎都相信瓦隆是货真价实的人类基因学博士。当观众发现他的讲话中有一些内容很奇怪时，他们就解释为是自己对这方面不了解，尤其是缺乏具体的知识。但如果瓦隆一开始就被介绍为表演冒牌博士的喜剧演员，观众对这个演讲和他的专业知识就会有极为不同的看法了。

很多行为都是模棱两可的，比方说，某个人是古怪、聪明，还是仅仅不擅长社会交际呢？人们如何解释他们所看到的东西，取决于他们在看到这个东西之前的预期。实际上我们所看到的就是我们所期望看到的，因此在其他条件相同的情况下，如果你带着有权力或是有才华的声望进入某个环境，就更有可能出现这样的情况：不管你做了什么，在你离开那个环境时，你有权力或是有才华的声望都获得了进一步的提升。印象和声望是持久的，因此，早早树立起良好的印象和声望，是你掌握权力的重要一步。

印象的形成非常迅速，而且第一印象相当持久，这些事实对你的成功之路而言具有两个重要意义。首先，如果你发现自己在某个工作环境中存在形象问题，这里的人对你的印象不好，那么不管是基于什么原因，你都最好离开这里，去寻找更好的地方。听取和重视这个建议对很多人来说都非常困难，他们往往想要证明，自己可以通过勤奋工作来改变形象，并改变别人的看法。但是由于前面列举出来的各种理由，这样的努力不仅很少能奏效，而且还会消耗大量的精力。因此，最好是到一个新的环境中去展示你的那些正面品质，在那里你没有必要克服如此多的负担。

早早树立起良好的印象和声望，是你掌握权力的重要一步。

其次，由于印象是迅速形成的，而且印象的形成基于很多东西，比如相似性，比如你完全无法控制的“气场合不合”问题，所以你应该尝试把自己放在尽可能多的不同环境中。数理统计学中的大数定律支持这种做法。如果你颇具才华，那么随着时间的推移，随着环境的转变，总的来说，那些评价你的人会看到你的才华。但是在任何单一的例子中，构成你的声望基础的评价判断则更加随机。这个建议与之前关于人际关系网络建设的建议是一致的。在那个建议中，最好的做法就是构建广泛而分散的人际关系网络，建立大量的弱连接。这里的建议不是让你在任何一个单一的地方留下良好的印象，而是建议你找到一个可以让你树立辉煌声望的环境，也就是建议你不断尝试不同的环境，直到你成功地发现了这样一个环境为止。

精心策划和树立你的形象

对于你想要建立的声望，你需要在战略上考虑其衡量标准或要素，然后再相应地引导你自己。瑞安·利扎曾探讨过奥巴马在艰难环境中的崛起，先是在芝加哥，然后在伊利诺伊州，解释了奥巴马如何从一开始就非常努力地建立权威的政治形象。

> 奥巴马似乎对自己的政治形象一丝不苟。他走访过南芝加哥的教会，他会考虑每个教会的政治倾向和声望，并接受年长牧师的建议……尽管奥巴马钦佩贾德森·迈纳（Judson Miner），但他对加入迈纳的律师事务所也同样非常谨慎……奥巴马在为政治生涯做准备时，正在写《父亲的梦想》（*Dreams from My Father*）一书。他在出版这本书的同时，展开了他的第一次政治竞选活动。

约翰·布朗（John Browne）担任英国石油公司的CEO超过10年。在他的主持下，英国石油公司收购了阿莫科-阿科公司（Amoco and Arco），并进行了很多小规模的收购。布朗进入英国上议院，多次被评为英国全国最受尊敬的企业领导者。但是，跟我打过交道的很多高级管理者都指出，布朗并不是最惹眼的领导者：他个子不高，还不到1.70米，说起话来轻声细语，而且布朗不善于应付社交场合，本质上是一个性格内向的人。在一个以领导者的傲慢大胆而著称的行业中，他是一个知识分子。布朗在权力之路上的崛起，以及他对自己地位的巩固，部分在于他树立了一个对他有益的良好形象。

虽然布朗在多个方面都声名卓著，但在以下三个方面尤为突出：工作勤奋和奉献精神、聪明才智以及威慑力。布朗为英国石油公司工作超过了30年，他在公司世界各地的分部调动，其中包括安克雷奇、阿拉斯加、纽约、克利夫兰和伦敦，而且他每天工作很长时间。人们认为布朗对公司有高于一切的奉献精神，这对他的声望很有帮助。

布朗是学物理出身，他的聪明富于传奇色彩。布朗总是强调首要原则，问问题追根究底，他受过的分析训练使他在勘探和金融方面都做得得心应手。但这里要说的是，布朗如何利用他的聪明和记忆力来建立他超级聪明的名声，这与罗伯特·麦克纳马拉在福特公司和美国国防部的做法没有什么不同。

布朗让他的羞怯也成了一种美德。他小心翼翼地控制他的日程安排，这样一来，如果你有幸与他会晤一次，你就会明白这种会晤的机会并不多，因此每次接触对你而言都变得非常重要和利益攸关。由于人们能与他见面的机会很少，布朗甚至让这种见面交流成了获取权力的来源：他的时间有限，而他控制着这个有限的资源。布朗在这些见面中展示出他的聪明机智，于是他树立了才华横溢的声名，无论是在英国石油公司内部还是外部，这样的声望都对他大有助益。

一个有用的声望，其细节显然会由于背景和你自身的优缺点不同而不同。最重要的是，**你要精心策划自己想要打造的声望的衡量标准，然后尽一切力量，从如何安排时间，到与什么样的组织和人士建立联系，都要确保那是你想要表现出来的形象。**

要特别重视你在媒体中的形象

马塞洛在当了 4 年财务分析师后，被任命为巴西一家大型房地产公司的总会计师。当时他只有 23 岁，却要管理 70 个人的部门。这个部门的职能包括财务、会计、内部审计以及投资者关系。这里我们关注的不是他为什么能得到这份工作，而是他在这个职位上做了些什么事。马塞洛明白，他并不是特别有资格担任这个职务，他需要部门员工的帮助和勤奋工作，而这些人会对他的能力感到好奇。而且其他组织中的同行可能会帮得上马塞洛，所以他也必须赢得他们的支持。

马塞洛制定了一个三管齐下的策略。第一是开展大量艰苦的工作，尽他最大的能力来获得良好的绩效。第二是在公司内部和外部建立人际关系网络，让这些关系帮助他获得成功。而且马塞洛也意识到，树立良好的外部形象非常重要，因为良好的外部形象可能帮助他吸引到盟友和获得支持。于是马塞洛小心翼翼地和媒体打交道，目的是在世人眼中树立一个比真实的他更好的形象，并希望凭借正面期望和形象效应，让自己的处境确实变得更好。

马塞洛知道，在当今世界中，随着媒体的预算削减，组织面临财政压力，记者尤其需要在工作上获得帮助，而且他们也会非常感谢这些帮助。因此马塞洛开始写作财务和管理方面的文章，发送给需要这方面内容的巴西刊物。一开始当然不是所有的刊物都接受他的文章，但随着时间的推移，马塞洛还是成功地发表了一些文章。他以他的年龄为切入点，从新一代管理者的角度来看待管理方面的难题。一旦马塞洛发表过一些文章后，他就有了更高的可信度，因此也就更容易发表其他文章。马塞洛还自告奋勇地代表他的公司接受媒体采访。他的很多同事都认为这是浪费时间，分散了他们花在实际工作上的精力。公司里很少有人愿意起草新闻稿，处理与媒体的关系，而马塞洛不仅为他的部门做这些工作，很快也开始为公司里的其他许多部门做类似工作。他在这方面的技能提高了，还将这些事做得非常成功，其他人也开始向他寻求帮助。通过这些活动，马塞洛与巴西媒体的许多重要人物有了联系，而且他也在公司里赢得了相当可观的地位。

马塞洛在 27 岁时被任命为首席财务总监，他要带领 100 人的团队，引导一个变革，而且他还成了公司里一个业务部门的联合总经理，而在那之前他没有任何高层管理经验。此时马塞洛对媒体的重要性已经相当了解了。他继续写文章，做访谈，并建立各种关系。2007 年，在马塞洛不到 30 岁的时候，巴西一家重要商业杂志刊登了一篇文章:《未来的 CEO》（*CEOs of the Future*），马塞洛就在文中提到的 10 名年轻管理者之列。他还出现在另一家重要的巴西杂志封面上，其内容是一篇关于股票市场交易的文章。谁也不知道马塞洛最终会怎么发展，但由于被一家主流商业刊物冠以“未来的 CEO”之名，马塞洛被任命为 CEO 的可能性已经大大提升了。

马塞洛的故事告诉我们，要坚持花时间和媒体打交道。不仅是报刊、广播、电视和互联网这样的媒体人士，而且也包括可以帮助你提升形象的商业作家和商业思想家。与媒体建立关系的最好方式，就是乐于为他们提供帮助和便利条件。

努丽娅・钦奇拉在 IESE 商学院完成了博士论文后，就成了 IESE 商学院的教职员。她感兴趣的主题是职场女性和建立能让员工“兼顾家庭”的职场。虽然多年来，在西班牙和其他地区，随着越来越多的妇女加入了劳动力大军，工作和家庭之间的冲突持续增长，这个问题也变得日益突出，但我们这里要关注的是，钦奇拉如何树立起自己的国际声望，并成为这一领域内一位重量级也许是最重要的演讲者、顾问和作家。毕竟有其他很多专业人士和政策分析师研究这一主题，但很少有人能有像她这样的知名度或影响力。钦奇拉已经影响了至少 12 个国家的相关法规和案件裁定。

钦奇拉在 2001 年举办了第一届女性人力资源管理者会议。她邀请记者们前来采访与会者，他们写出了一整版文章。康斯薇洛·利昂（Consuelo Leon）是一名作家，曾经做过记者，钦奇拉邀请她前去 IESE 商学院攻读博士学位，并在钦奇拉的研究中心一起共事。利昂不仅在写作和研究方面帮助了钦奇拉，而且也为她提供了媒体界的知识。钦奇拉接受记者的采访，并与记者们建立关系：“我的采访大多是在车上、在办公室或是在家里通过电话进行。每一次采访，采访中的每个小时，我都安排好时间，为想要采访我的人提供良好的服务。这就是为什么电视、收音机和报刊对我都很满意，然后他们还会回来再次采访我。而且，他们也知道我有他们想要的数据。”

毫无疑问，一旦掌握了权力，你就更容易获得媒体的关注。当你坐在一个级别非常高的领导职位上时，你可以聘请写手，撰写你的故事并宣传你的声望，你还可以动用公司的营销力量来宣传自己，这会让杂志和图书出版商对该计划更感兴趣。这样一来，你就可以控制你的形象，渲染积极的方面，消除一切负面缺点。

你可以看看美国汽车业名人李·艾柯卡（Lee Iacocca）的自传，这是最早一批由公司CEO写的自传类畅销书之一。在书中，你永远看不到艾柯卡对汽车安全问题漠不关心，也看不到他在福特斑马车（Ford Pinto）[①]的设计和营销中的责任。你也可以看看斯科特纸业公司（Scott Paper）和新光公司（Sunbeam）前CEO艾尔·邓拉普（Al Dunlap）的自传，从书中你看不到他涉及严重的会计欺诈行为。正如约翰·伯恩（John Byrne）在一本关于邓拉普的书中所写的，商业媒体一直崇拜邓拉普，直到他身败名裂，“他的盛名更多的是基于粗暴恶劣的态度，而不是基于成就”，而粗暴恶劣是他在媒体面前的一种作秀方式。伯恩很清楚如何破坏或树立一个CEO的形象。他写过通用电气公司CEO杰克·韦尔奇的书，把一个以裁员闻名、绰号为“中子弹杰克”的人塑造成了一位商业英雄。而事实上有证据表明，通用电气公司污染了哈得孙河，大规模开展价格限定，而且并不像它看起来的那么成功。

马塞洛和努丽娅·钦奇拉的案例说明，在职业生涯开始时就制定一个媒体形象树立策略，是可能的，也是可取的。**你应该尽早利用公共关系策略，主动接触撰写案例和文章的媒体和学者，或者自己动手写文章或博客，以提高你的知名度。**

营销专家基思·法拉奇建议大家写文章，因为写作可以帮助你厘清思路。的确如此，**但写作也可以用来提升知名度、树立形象，并帮助你找一个好工作。**卡伦曾在旧金山的一家风险投资公司工作，她喜欢写作。当时博客刚刚开始流行，大家在公司里讨论：是否应该有人写博客？公司的公

① 这种汽车的油箱存在问题，如果后部被撞击就会起火燃烧。

关策略是什么？人们忙于交易和董事会的工作事宜，所以卡伦就开始为公司写博客了。她写得很成功，不久就有人请她为其他博客偶尔写写专栏。有一天猎头找到卡伦，问她是否对一个战略部门的高级职位感兴趣，对方公司在另一个城市，是一家大型互联网商业公司。就像卡伦告诉我的，当人们想了解你时，他们会到 Google 上查找你的资料。在她的案例中，人们可以在网上读到她的文章，而这些文章给她带来了可信度。她未来的老板只花了 15 分钟时间面试她。他告诉卡伦，他看了她的博客，了解她是如何思考的，他觉得有一个职位非常适合她，所以基本上可以说，卡伦是通过她的博客和文章获得了职位。

虽然你在获得权力的过程中并不一定非得讨人喜欢，但是让人生厌的事情，也最好能免则免。

克服自我宣传的困境

在树立你的形象时，你要认识到自我宣传的困境，并找到适当的处理方法。这个困境就是：一方面研究显示，在有些时候，尤其是在面试或是在争取升职的时候，如果你不宣扬自己，不夸赞自己的能力，其他人就会认为你无法胜任，或是你不擅长处理这种情况，这样的看法对你不利；另一方面，虽然在很多情况下，自我宣传行为是人们意料中的事，但它也会带来问题。当你吹嘘自己的能力和成就时，你会面临两个问题：第一，你对自己的宣传不会像一个更加客观的局外人对你的宣传一样那么让人相信；第二，研究表明，公然自我宣传的人往往被视为是傲慢和自我夸大的人，会引起别人的反感。虽然你在获得权力的过程中并不一定非得讨人喜欢，但是让人生厌的事情，也最好能免则免。

解决这一困境的办法就是，**让别人来赞美你的能力**。“别人”包括你聘请的代理人、公关人员、猎头公司和同事。我和一些同事做了一系列实验，研究在一个人赞扬自己能力时会发生什么情况，而当另一个人同样赞美此人的能力时又会发生什么情况。与某人自称是优秀作家时相比，当另一个人说他是一位优秀作家时，人们认为他更招人喜欢，也名副其实。而且，如果一些人没有宣扬自己，而是有中间人替他们说话时，人们就不会认为他们是傲慢或自我夸大的人，也会更愿意向他们提供额外的帮助。

在一个实验中我们使用了一段视频，我们让演员扮演代理人进行发言，宣传客户的工作很有价值，而客户就坐在他的身旁。尽管调查参与者认为，代理人受到了客户的控制，并按客户的意志行事，但调查参与者所给出的评价仍然比客户自我宣传时更高。这些研究表明，与你进行自我宣扬相比，尽管人们明白受雇宣传你的人和你之间有金钱交易，也知道代理人或中介人受到你的控制，但是他们对你的评价仍然会高很多。

不要舍不得花钱，要雇人来代表你、吹捧你。

如果有人代表你说话，跟你自己说同样的话相比，人们会认为他们的话更可靠。你如果能够找到一家有信誉的公关公司或一个优秀的代理人来为你服务，就会显得你很有能力，也会提升你的声望。根据这一研究成果，我建议：不要舍不得花钱，要雇人来代表你、吹捧你。对你来说，这样做从很多方面都能为你带来优势。

谁说负面信息都是有害的

劳伦斯·萨默斯（Lawrence Summers）担任过哈佛大学的校长，他在克林顿任总统期间担任财政部部长，在奥巴马政府中任国家经济委员会主任。人们常常形容萨默斯是一个易怒、直率，对人际交往不敏感的人。瑞安·利扎对奥巴马政府时期的萨默斯有过非常典型的描述：

> 萨默斯是一位聪明的经济学家，敢于自我关注和宣扬。他在经济方面的工作能力远远胜过与别人轻松共事的能力。我问过一位高级白宫官员：萨默斯和奥巴马的预算办公室主任奥尔扎格（Orszag）之间的关系如何，他回答说："劳伦斯和每个人之间的关系都有点不顺畅，因为他就是这样一个人。"

萨默斯的声望不仅不会有损于他，实际上反而帮了他。**如果你知道你聘用的人难以相处，但你还是雇用了他，你就会对这个决策承担起更多的责任**。因为你不顾这个人的缺陷，仍然选择了他。你可以展现一些负面特点，只要这些缺点没有过分到让人们放弃你，这实际上是增进了你的权力，因为那些尽管看到你的缺点却仍然支持你的人，将会为你和你的成功承担起更多的责任。这个过程就像是"打预防针"，人们不会由于你身上众所周知的缺点而抱怨你，就像在萨默斯的故事中一样，他们会无视你的缺点，认为你"就是这样一个人"。

有一家制造超声波设备的上市公司，其董事会主席曾参加过海军陆战队。在安排董事会会议日期时，这位主席并不询问成员们的日程安排，而是直接发布命令。任何错过了会议的成员都只能自认倒霉，即使是因为会议日期的安排让他们根本无法参加。这位主席还以一种专制的方式召开会议，但他的名声丝毫无损。一位董事会成员说这些情况都属实，他评论道："他就是这样一个人。"

你可能并不完美，无论如何，你也不用表现得完美。**只要你的怪癖与**

你的核心声望无关，与人们选择你的原因无关，缺陷和弱点其实可以强化人们对你承担的责任。

形象创造现实

人们会从声望的自我强化过程中受益或受损。正如一篇关于迈克·沃尔皮的分析所说：“在思科 CEO 钱伯斯和其他高级管理人员中，沃尔皮享有‘可以成事’的名声……沃尔皮在思科公司之外也开始小有名气。正面的新闻报道有助于提升他在思科公司内外的影响力，关于他的影响力的报道成了自我实现的预言。”

你不必拿声名去换取现实。卓著的声望可以帮助你赢得出色的业绩，反之亦然。其中的诀窍在于，**要确保你做的事情能够树立你的名声，让别人宣传你，并出现在那些可以帮助你建立权力基础的媒体报道和图片中。**

Why Some People Have It and Others Don't

第三部分

权力保卫战

第 09 章

挫折也是一种财富

无论你的目标多么有意义，你工作多么努力，多么有天赋，几乎每一个人在权力之路上都会遇到障碍和挫折。重要的是，面对不可避免的障碍和命运的逆转，你应该如何应对。

桑迪·韦尔曾创立了多个金融服务公司，后来成为花旗集团拥有最高权力的CEO，但他在20世纪50年代申请股票经纪人职位时，曾遭到美林、贝奇（Bache）和哈里斯－阿普海姆公司（Harris Upham）的拒绝。韦尔曾出售了他创立的希尔森证券公司（Shearson），加入美国运通。1985年，他在一次权力斗争中失败，于是又从美国运通辞职。因此，重要的是，面对不可避免的障碍和命运的逆转，你应该如何应对呢？

无论你的目标多么有意义，你的工作多么努力，多么有天赋，几乎每一个人在权力之路上都会遇到障碍和挫折。

劳拉·埃瑟曼是拥有工商管理硕士学位的乳腺癌外科医生，1997年她成为美国加州大学旧金山分校卡罗尔－弗兰克－巴克乳腺癌中心的总监。埃瑟曼计划做一些事情。首先，她希望把相关科室集中到一处让病人感到舒适愉快的地方，这样病人就不必在各个地方之间折腾——有时候病人还必须带着自己的医疗检查结果和病例四处奔走。病人在面临诊断过程中的延误和不便时，常常感到不确定和恐慌：她们从乳房X光检查，到活检，再到咨询外科肿瘤专家，常常需要去不同的地方，每个步骤之间都需要数天时间。埃瑟曼想要把乳腺癌中心建成可以提供一站式服务的场所，基础保健医生介绍病人来这里检查可疑肿块或其他症状，如果病人们在上午抵达，那么在这一天结束时，她们就可以带着治疗计划回去。埃瑟曼希望病人能在一个设计装潢得舒适漂亮的地方，在一天的时间内完成所有必要的测试和评估。

其次，埃瑟曼意识到，学习和改进癌症治疗方法的周期太长、太昂贵，这影响到患者的治疗效果。健赞公司（Genzyme）的苏·达曼（Sue Dubman）曾经在美国国家癌症研究所的信息部工作，她给我的资料显示，药物开发总成本十分高昂，招募临床实验患者的成本约占其中的20%，而且对医生和病人的招募速度缓慢，这就导致新药物和其他治疗方法评估延误。这些成本可以被削减，但延误可以减少吗？此外，虽然临床试验产生了非常重要的信息，但还有成千上万的女性在接受日常治疗，从日常经验中获知的有关疗效的信息没有很好地收集整理。因此，埃瑟曼有了另外两个目标：建立一个信息系统，收集更多的治疗结果数据，并且让招募临床试验患者更方便、更迅速。

- ◆ 虽然埃瑟曼掌管癌症中心，但要提供她设想的一站式服务，就需要把一些单独的科室比如外科或放射科集中到同一个场所中，而埃瑟曼却没有控制这些科室的权力和预算，每个科室都有自己的预算和优先事项。
- ◆ 此外，加州大学旧金山分校的传统文化是重视基础科学研究，而不那么看重病人治疗。学术型医疗中心还面临着财务上的挑战，特别是在加利福尼亚州，医疗机构比例较高，这使得对信息系统进行投资非常困难。

◆ 学术型医生之间争夺资金和攀比声望之风盛行，如果要从多个站点将病人的数据集中到一起，进行疗效分析，那么这种个人主义的竞争文化就必须加以改变。

◆ 除了这些困难之外，埃瑟曼也承认自己易怒、缺乏耐心，往往既不能也没有兴趣从别人的角度看待问题，对那些被她认为造成阻碍的人来说尤其如此。

2003 年，我写了一篇关于埃瑟曼的案例，当时谁也不知道她的计划能够进展到什么程度，很多人认为她的努力注定会失败。到 2009 年时，前景已经很明朗：埃瑟曼将会顺利完成她的所有计划。在 2003 年，她已经兑现了一些承诺：把提供以病人为中心的护理服务资源聚集到了一个场所，并且减少了诊断过程中的延迟——从最初症状到乳腺活检，再到制定出治疗方案。病人可以通过一个特定的官方网站输入自己的信息，并与临床试验进行适当的匹配，这一做法于 2008 年在旧金山湾区试行，2009 年时推广到全美国，它加快了招收患者的进程，并削减了成本。此外，"雅典娜计划"（Project Athēnē）[①]也在顺利进行中，这个前所未有的项目涵盖了整个加州大学 5 处医疗设施，建立了一个包含数千名患者治疗信息的资料库，可以让大家更好地了解药物和疗法是否有效，以及对什么类型的疾病疗效较好。"雅典娜计划"由加州大学整个系统的领导层负责，并得到了大学董事会及其主席理查德·布鲁姆（Richard Blum）的支持。在计划进行的整个过程中，埃瑟曼的领导技能也得到了提高。

除埃瑟曼的故事之外，在本章中，我们还将看到人们寻求建立影响力和完成任务的其他故事。如果你想要得到权力以改变现状，获取资源以建

① 收集临床资料的技术密集型信息系统，让研究者可以更迅速全面地了解乳腺癌的治疗效果。

立名声和职业生涯，并决心克服前进道路上的障碍和挫折，这些故事将给你带来重要启示。

应对冲突的8条金律

由于人们来自不同的背景，面临的激励机制不同，获得的信息不同，所以他们所看到的世界也各不相同。因此在组织中，分歧是不可避免的。令人遗憾的是，许多人都会尝试避免冲突，他们认为分歧令人不快，因此他们避免让不同的意见浮出水面，也避免与对手进行艰难的交谈。鲁迪·克鲁在担任教育系统领导时曾说，“冲突只是为人们提供接受教育的机会”，以便了解为什么别人会这样想或那样想，并且还可以分享观点，让冲突各方能够互相了解和学习。如果你躲开与你有分歧的人，回避困难的局面，这是不负责任的做法，当你身处领导的位置上时尤为如此。当然，处理冲突的方法是很重要的。下面这些方式，可以帮你更好地克服障碍。

善待对手，给他们台阶下

社会心理学家杰克·布雷姆（Jack Brehm）的逆反心理理论认为，**对于限制或控制行为，人们会进行反抗，也就是说强迫会遭遇反强迫。**如果你主导谈话和决策，完全控制局势，这可能对你的对手会起到一些作用，但作用可能不会太大。对于你压制他们的行为，大多数人将极力反抗，他们会试图维持他们自己的权力和自主性。因此，处理障碍的一个方法就是：善待对手，给他们台阶下。有时可以进行收编，让他们成为你的团队或组织的一部分，这样做效果会很好，因为你让他们也参与到了这一利害关系之中。

几年前，在伊利诺伊大学，一些女性教师、职员和学生对学校很不满，因为学校付给女性工作人员的薪资明显低于男性，与需要相似技能的岗位中的男性相比，女性从事的类似工作薪酬较少。当这个团体给学校施加压力时，学校行政部门做出了聪明有效的反应：大学设立了女性地位委员会，并为委员会提供一些文具、预算及少量的办公空间。总之，学校为委员会提供了合法地位和少许资源，并让委员会研究事实并提出建议。此举有效地收拢了反对人士，让潜在的抗议者成了大学的一部分，让她们不会产生被排除在外的感觉。于是这个团体的需求和叫嚣也就不再那么尖锐了。不久，大家对委员会下一年度预算问题的关心，几乎达到了与关心女性在校园中的地位问题一样的程度。

通过战略性安置，你可以把敌人变成盟友，或者至少是把他们转变成无关痛痒、不会阻挡你前进的人。战略性安置，就是让他们去不会碍你手脚的其他地方，从事一份更好的工作。

威利·布朗在与民主党人霍华德·伯曼（Howard Berman）进行了艰苦的竞争后，成为加州议会议长，布朗对他的对手表现出了善意。当10年一次的行政区域划分产生了更多的国会选区时，布朗帮助伯曼和其他两个竞争对手——梅尔·莱文（Mel Levine）和里奇·莱曼（Rich Lehman）进入了美国国会。“其他的民主党对手，比如圣迭戈的瓦迪·戴德（Wadie Deddeh），则得到了该州的参议院议员席位。”布朗对他的民主党对手给予的是奖励而不是惩治，这样做巩固了他的权力。

记住这个教训

帮助对手调动到另一个组织，这样他们就不会阻挡你的道路，可能这不是你计划要做的首要大事，但你也应该把这件事排在计划中靠前的位置。

对人们的自尊而言，“面子”非常重要。你应该给对手一些东西，让他们感到好过，这对你有好处，特别是在此举并不需要你投入太多的时候。这就是为什么董事会和老板在解聘高管人员时，往往会说他们的好话，有时甚至会给他们大笔赔偿金，因为这会让被解聘的人心理平衡一些。在一家人力资源咨询公司里，领导由合伙人投票选出，有一位合伙人获得了相当可观的业务，并在商业媒体颇有知名度，他最后当选了。这位获胜者把失利的候选人叫进他的办公室，对他说，尽管他对公司很有价值，但他也必须离开公司。为了减轻他的痛苦，并确保他平静地离开公司，获胜者付给了即将离开的合伙人可观的遣散费，足以让他休息一年不用工作。所以如果你愿意让你的对手轻松愉快地离开，他们就会轻松愉快地离开。与此相反，人们一旦没有什么可失去的了，他们就会无所顾忌地打击你。

你应该给对手一些东西，让他们感到好过，这对你有好处，特别是在此举并不需要你投入太多的时候。

不要给自己制造不必要的麻烦

冲突会引发强烈的情感，其中就包括愤怒。这些强烈的情感会干扰我们进行战略性思考的能力，让我们看不清什么才是我们真正要做的事情。你需要不断地提醒自己：“胜利看上去是什么样子？如果是你赢得了战斗，你希望这场胜利包含哪些内容？”有时候，人们看不清自己的最优先事项是什么，转而为其他事情而战斗，给自己制造了不必要的麻烦。

劳拉·埃瑟曼在推动那个庞大的计划时，她需要得到她可以得到的一切支持。有一次，她去一个州参议员朋友主持的听证会作证，那个听证会调查的是斯坦福

大学和加州大学旧金山分校的医院之间的合并，那次合并简直是一场灾难。即使到现在，埃瑟曼也会说当时去作证并不明智。当她进入听证会房间时，她看到了加州大学旧金山分校的校长迈克·毕肖普（Mike Bishop）。毕肖普知道她是谁，并对她的证言进行了评论。加州大学医院的合并案并不是埃瑟曼改变乳腺癌治疗计划的关键步骤，事关她工作所在地的行政管理工作，但埃瑟曼却提供了不利证词，这种做法不会让她赢得人们的好感。

SAP 的前高管齐亚·尤索夫有时几乎会激怒他的下属，因为在会议上看到不利于他和他的团队的决定时，他通常不会进行斗争。正如尤索夫所说："重要的是，要争取活到'隔日再战'的那一天。"因为尤索夫没有硬性对抗他的老板和同事，他融入到了会议的情感基调中，通过不制造不必要的敌意，他在很多时候都能得到他想要的结果，即使过程需要花一些时间。

记住这个教训

避免在不必要的情况下制造敌人或者制造麻烦，这要求一个人拥有上文曾经谈到过的能力：专注。你需要有一个明确的思路，看清你要去的地方是哪里，看清一路上有哪些关键步骤。当你在这条道路上遇到障碍时，你需要做出反应。但是，如果你分心去管那些和你的计划关系不大的人和事，你只是在浪费你的时间，并且可能会平白无故地惹上麻烦。

与关键人物保持良好的关系

加里·洛夫曼于 1998 年成为哈拉斯娱乐公司的首席运营官，当时很多业内人士认为他们自己更有资格获得这个职位，因此他们憎恨洛夫曼的上任，认为他只是哈佛商学院的一个副教授，给这家公司做了一点儿咨询服务而已。哈拉斯的首席财务官就是这些人当中的一个。他是一位高级管理人员，年龄比洛夫曼大，非常不满对洛夫曼的任命。首席财务官的位置不只是在职场政治方面极其重要，在组织的改善过程中也很关键。（公司业绩的改善最终在2003年为洛夫曼赢得了CEO的职位。）洛夫曼迅速采取行动来强化与首席财务官的关系。他几乎每天都花一些时间与首席财务官在一起，去首席财务官的办公室碰面，让首席财务官一直都了解他在做什么，为什么这样做，并总是让首席财务官参与决策和会议，总之，洛夫曼尽一切可能和首席财务官保持良好的关系。

洛夫曼的忠告就是：当你的职业生涯抵达一定水平时，你总会遇到这么一个时候，这时你只需要让重要的关系保持良好，而你的感觉或别人对你的感觉，都不那么重要。**要想获得成功，你必须从一些关系中获得必要的资源，以便完成工作，因此你必须克服仇恨、嫉妒、愤怒或其他任何可能阻碍你建立关系的因素。**

齐亚·尤索夫管理SAP公司的内部咨询团队的时候，有时不得不提出重组或其他建议，这些建议会导致一些高级管理人员失去权力与资源。在处理这种困难的情形时，尤索夫的方法就是把焦点集中在数据上。尤索夫坚持他的团队获得尽可能客观的信息，并进行逻辑严谨的分析，这样一来，当他们提出重组或其他建议时，主导讨论的就将是事实性资料，而策略性议题也就不再那么多地涉及个人恩怨和感受了。

不要把别人的反对或轻视当作私人恩怨，想想你需要谁的支持，然后去寻求这种支持，不要在乎别人对你的态度，或是你自己的感觉，而要把焦点集中在数据上，集中在公正的分析上。要做到这些，你需要高度的自律性和成熟的情感。这一技巧并不常见，但它对超越和消除敌意会起到重要作用。

坚持是胜利的前奏

我在“雅典娜计划”的启动会议上见到了理查德·布鲁姆。布鲁姆是美国加州大学校董事会主席、投资银行家、拥有大量个人财富的投资经理，也是加州参议员黛安·范士丹（Diane Feinstein）的丈夫。布鲁姆既在众多企业董事会和非营利性基金会中担任职务，也经营自己的庞大企业，当我问及他为什么会参与这个会议时，他回答说：

> 我知道，无论是我的妻子还是埃瑟曼让我做什么事的时候，最好的答案就是"好的，亲爱的"。因为即使你说不行，迟早你还是得去做这些事。我还不如省点时间和麻烦，一开始就答应她们。

埃瑟曼把她的成功归因于顽强的毅力，她喜欢谈论其他科学家们百折不挠并最后取得成功的例子。凡是看到过她如何行动的人，都说她有一种自然而发的力量。

坚持不懈的成效就在于消磨反对者的意志，就像水侵蚀岩石一样，坚持努力就能收到好的结果。此外，如果你坚持留在游戏中，形势就有可能向有利于你的方向发展。反对者会退休、离开或是犯错误，环境会发生变化。不管你信不信，当埃瑟曼进入临床医学界时，乳腺癌领域还十分落后。科学进步提高了诊断和治疗技术，再加之女性的呼声日益强烈，这才让乳腺癌及其治疗为人们所重视。与身处动荡的境遇相比，如果已经得到一个终身学术职位（埃瑟曼的例子）或一个牢靠的立法席位（布朗在旧金山的例子），那么人们可能较容易做到有耐心和持久性。然而，不言放弃始终是胜利的前奏。

多条战线并进

埃瑟曼在加州大学旧金山分校发展受阻时，她在科研和临床医学上树立起了全国性的声望，比如，她成了美国国家癌症研究所的信息学主管。全国性的知名度和关系可以用来建立她在本地的权力基础。而且埃瑟曼仍然继续行医，她的患者中有些人拥有惊人的财富、才华和关系网络。正如埃瑟曼所说，当在开展系统性变革中受挫时，她还可以为一个接一个的患者提供帮助；当她因为无法挽救某个患者而沮丧时（乳腺肿瘤仍然是一种致命的疾病），她还可以专心致志于系统性变革来改善服务和增进知识。埃瑟曼建立了全国性和本地性的权力基础，无论在加州大学旧金山分校，还是在某些社区中，埃瑟曼都可以利用一种背景中的权力在另一种背景中获得影响力。

旧金山的乳腺癌中心和印度板球看似风马牛不相及，但拉利特·莫季（Lalit Modi）如何控制印度板球理事会（BCCI）[①]并启动新的印度超级联赛（IPL）的故事，也说明了多战线并进的重要性。

莫季出生于一个富有的家庭，曾在杜克大学学习体育营销。回到印度后，他与迪士尼签订了出售特许商品的协议。莫季关于板球的首次尝试，是撮合印度板球联盟和一些外国运动员，这些外国运动员将参与娱乐与体育节目电视网（ESPN频道）的节目，这个计划因为印度板球理事会的反对而失败。莫季利用他和迪士尼、ESPN等美国大公司的联系，让他的印度盟友相信，如果他能够开发利用印度板球理事会的垄断地位，建立更加具有企业家精神的文化，那么就可以通过出售商品和游戏来赚取大笔财富。莫季非常有耐心，10年多前就开始建立的关系令他成功地在印度板球理事会掌握了实权，而且在很多情况下，这些关系只是略微涉及板球和有权有势的印度政客。

---

① 世界上最强大、最富有的板球组织。

采取行动，抓住战机

如果你迅速采取行动，往往就会令对手猝不及防，在他们甚至不知道发生了什么事之前，你就已经胜利在望了。2005年，阿格莫汉·达米亚（Iagmohan Dalmiya）竞选连任印度板球理事会会长。莫季当时几乎不为人知，他以拉贾斯坦邦板球协会（Rajasthan Cricket Association）领导人的身份，聘请了多名律师指控达米亚的腐败和管理不善，而且他还开展了一个公开的政治活动来推翻达米亚。“达米亚简直无法相信他的对手开展了这样的活动，他完全不知所措。”结果莫季成功了，他成了印度板球理事会的副会长和拉贾斯坦邦板球协会会长的盟友，然后他迅速采取行动清除反对者，并且高价出售了电视转播权和商品赞助权。如此一来，莫迪就可以引入资源，也可以向人们展示，支持他对他们自己的经济利益很有好处。

> 如果你看到权力斗争将要发生，就不要等待。

在董事会和CEO间的斗争中一直都存在这样的情况：如果CEO可以首先清除董事会中的对手，他通常可以成功地保住他的工作；而如果在CEO外出度假或为其他事情分心的时候，董事会组织起来推翻CEO，那么在CEO可以反击之前，董事会常常都可以获得支持，让他下台。这里的教训是：如果你看到权力斗争将要发生，就不要等待。在你等待的时候，其他人就已经组织起支持者，安排投票，并取得胜利了。

奖励你的朋友，处罚你的敌人

在上市公司的董事会中任职会带来声望和金钱。一家医疗器械公司的薪酬委员会主席与CEO陷入了冲突，这位董事会成员认为公司业绩不佳，虽然销售收入增长了，但却没有实现预计利润率，而且股票价格低迷。与此同时，CEO雇用了外部律师，以帮助他争取更多的薪酬。当董事会默许了CEO的要求后，这位CEO赢得了这场权力斗争。不久，薪酬委员会主席从董事会中出局了。这是巧合吗？有可能。但对其他董事会成员来说，这是一个教训：如果你想保住你的位置，就不要惹是生非，引火烧身。

已故的约翰·雅各布斯是《旧金山纪事报》（*San Francisco Chronicle*）的时政类记者，后来又成为麦克拉齐报业集团（McClatchy）的政治记者。他告诉我说，在他还是一名年轻记者时，写了几篇关于新议长威利·布朗的负面文章，然后他就被告知，他可能会被禁止进入议会。无法进入议会可能会让一个时政类记者的工作变得相当困难。雅各布斯又写了一篇对布朗有利的文章后，他收到了礼品篮。这里的教训是：雅各布斯和布朗关系的好坏不会没有后果。

在公司、政府甚至是非营利性组织中，任何能控制资源的人，都会用它来奖励那些帮助他的人，惩罚那些阻碍他的人。

约翰·加德纳是一位作家，而且曾在林登·约翰逊政府时期担任健康教育与福利部部长，当时是“大社会”（Great Society）计划[①]运行的高峰期，卫生、教育和福利项目大大扩展了。即便是像加德纳这样一位非比寻常的人物也告诉我：当时他告诉人们，他们有权利对他做的事情反对到底，但是，他会让他们知道，反对是会有“后果”的。

记住这个教训

以这种方式运用权力看上去似乎很粗暴，而且也确实可能很粗暴，但是你必须克服你的禁忌，因为你在权力之路上会遇到很多人，他们在奖励朋友和惩罚反对者的时候，都不会犹豫不决。

① 约翰逊总统提出的社会福利计划。

为你的目标找到强大的支持者

如果你的目标有说服力，有社会价值，那么你的权力之路将会比较平坦。这并不意味着你要玩世不恭，要利用一些社会性事件来为自己谋取名利，只是说你需要把你的努力和某个目标联系起来，而这个目标在社会价值观上应该是可取的、令人瞩目的，这样做可以增加你成功的可能性。

如果有人反对劳拉·埃瑟曼的努力，就相当于是背弃了乳腺癌受害者及其家属。鲁迪·克鲁总是说，在当前的教育系统背景下，数十万被纽约抛下的学生又被迈阿密－戴德县抛下了，他称他的计划是为了解决教育系统的实际问题。罗伯特·摩西在纽约屹立不倒几十年，因为反对他就是在反对纽约的公园设施，如他所说，站在公园一边就等于站在了天使的一边。

企业内部的权力斗争似乎很少明目张胆地围绕自身利益展开。在危急时刻和做决定的时候，聪明的战斗者会习惯性地援引“股东的利益”。比如，“需要一位新的 CEO，这是符合股东利益的”，把这里的“新的 CEO”换成“新的董事会成员”也可以，换成其他高管人员也可以。

加里·洛夫曼在成为首席运营官之后，撤掉了一些管理人员，他的理由是，“他们不能胜任公司期望他们做的新工作”。提高哈拉斯公司的业绩，需要采用以数据为基础的营销策略，因而产生了这些“新工作”。举例来说，市场营销总监之前曾获得过董事长卓越奖，他是一位优秀的广告人和摄影师。此人对他以前的工作内容很擅长，但无法利用大量的客户数据来进行“钱夹份额”（Share of Wallet，SOW）分析。洛夫曼经常说，没有人真正拥有自己的位置，甚至他也没有，大家都是在为股东工作，股东有权力把人员配置到最有效的工作岗位上。洛夫曼是真心实意地说这番话的，他确实也为股东做出了成绩。在他 1998 年上任时，哈拉斯公司的股价约为每股 16 美元，当他在 2007 年秋季崩盘前完成了最后一笔融资买入时，股价为每股 90 美元。但是，关于股东权益的说法，也以一种在社会价值观上可取的、可被接受的方式体现了他在博彩公司的权力。

如果你要做好事，比如为教育系统、公共工程、乳腺癌患者或股东做好事，你就需要拥有权力。否则你就做不了太多好事。这里的教训是：**把你自己的目标放在更宏大的背景中，吸引别人的支持。**

反败为胜的 3 大策略

大多数成功人士都在成功的道路上克服过挫折。当人们创业时，他们并不指望每一个企业都会成功。约翰·里莱（John Lilly）是 Mozilla 浏览器公司的 CEO，他的第一次创业并不成功。而里德·黑斯廷斯（Reed Hastings）创立的奈飞（Netflix）非常成功，他担任 CEO 也很称职，但他创立的第一家软件公司却不太成功，在这个公司里，他曾两次试图解雇自己。**坏事情有时也发生在好人身上，重要的是，他们是否以及如何才能卷土重来。**

杰弗里·索南菲尔德曾是埃默里大学商学院教授，他在学校建立了一个领导力研究所，而且他的 CEO 社团也很出名，这个社团聚集了一批来自公共部门的执行官和领导者。1997 年 12 月 1 日晚，索南菲尔德接到校园警察发的一条信息，于是他前往警察局。索南菲尔德本以为这是一个恶作剧，但事实并非如此。警方指控索南菲尔德破坏新的商学院建筑，还说他们有视频录像为证。警方说如果他辞职，他们就不会逮捕他，因此索南菲尔德当时就辞去了他的终身教授职位。因为索南菲尔德反正都要离开这里去佐治亚理工大学担任商学院院长，所以他对埃默里大学的职位并不关心，但是他害怕被逮捕的消息传开后，会危及他在佐治亚理工大学的工作。几天之内，埃默里大学校长威廉·蔡斯

（William Chace）给佐治亚理工大学的高级职员打了电话，因此索南菲尔德的任命没有获得董事会的批准。索南菲尔德丢掉新工作之后不久，蔡斯又对《纽约时报》的记者谈到了这件事，很快，索南菲尔德的这起离奇事件就在媒体上传得沸沸扬扬了。到 1997 年 12 月底，索南菲尔德不仅失去了工作，而且前途渺茫，名声扫地。许多人都认为，他的领导力研究所的赞助者和他在学术界的朋友们不会站在他这一边，还有一些人则担心他的身体和精神健康。

在索南菲尔德的领导力研究所拥护者、CEO 社团成员以及他的大学老师、同事中，有很多人（不是全部）仍然站在索南菲尔德一边，他们与埃默里大学进行了旷日持久的斗争。今天，索南菲尔德已是耶鲁大学管理学院的管理实践教授和副院长。他与人合著了一本关于克服挫折的书，书中包含很多来自政界和企业的案例。索南菲尔德也在这本书中回顾了自己的经历，讲述了如何在命运逆转之时挺过来。

不要放弃

乔恩是一位成功的导演，在美国一个大名鼎鼎的芭蕾舞团当团长。当他在与董事会的冲突中失去了团长一职时，乔恩的第一反应是尴尬。他曾对剧团的运作产生了积极的影响，但这并不重要，乔恩在谈到他离开剧团一事时感到极不舒服。鲁迪·克鲁则难以公开甚至自己也难以承认他被鲁迪·朱利亚尼和纽约学校董事会解雇一事。索南菲尔德在亚特兰大突遭变故时，他的第一反应就是减少原本频繁的人际交往和联系，因为他感觉很糟糕。当一个人失去工作时，尴尬是正常的反应，即使所发生的一切并不是你的错。为什么会这样？事实上，**我们受到了公正世界效应的影响，相信我们遭到了什**

克服尴尬的最好办法，就是尽可能快地和尽可能多的人谈论所发生的事情。

么报应，所以当一个人在权力斗争中失利时，他做的第一件事情就是责怪自己。

这种反应可能是自然的，但它对你没有好处。乔恩、克鲁和索南菲尔德都是有故事可讲的人，这是他们亲身经历的故事，这些故事不仅反映了他们自己是什么样的人，也反映了那些打击他们的人是什么样的人。讲述这些故事需要克服尴尬，克服想要躲藏起来的想法。**如果你打算坚持下去，卷土重来，你就必须停止责备自己，停止任由你的对手来主导事情的讨论，不要再对失败抱有负罪感。**

克服尴尬的最好办法，就是尽可能快地和尽可能多的人谈论所发生的事情。这样你可能就会知道，支持你的人比你以为的多，因为有些人不会责怪你，而会帮助你。此外，你对变故讲得越多，你讲的时候所感受到的强烈情绪就会越少。你将会逐渐习惯于这个变故，对它不再那么敏感。让变故不再激起你的强烈情绪，这是绝对必要的，因为这样你才能冷静地思考你的下一步行动。

继续做那些给你带来成功的事情

在任何领域拥有高级别职位的人，都擅长做他们所做的工作。即使工作绩效并不是成功的职业生涯中最重要的决定因素，但它仍然很重要，而且，一旦你获得了高级别的职位，除非你在蒙头大睡，否则经过一段时间后,由于你在这一工作中积累了经验,你的工作能力也就会更强。这意味着，**当你面对挫折时，不要试图进入另一个领域重新开始工作。**你的经验和人际关系都是针对特定的背景才有效的，你拥有的人力资本和社会资本仅仅属于一个特定的工作领域。如果转移到别的领域，不管那条新的职业道路有什么样的好处，都会浪费你已经拥有的资源和能力。

1998年年初，有很多人向索南菲尔德建议下一步的行动方向。他可以进入咨询业，或是为一个类似于家得宝的伯纳德·马库斯那样的人工作，此人一直是他在埃默里大学领导力研究所的坚定支持者。但索南菲尔德并不是一个全职的顾问，他也没有在公司里进行日常管理的经验，他是一名教育家。而令他出名、让他上了国家电视台节目、上了《商业周刊》正面报道的东西，是他的CEO社团，这个社团以论坛的形式让一流的CEO们聚集一堂，进行非正式的坦率讨论。索南菲尔德是一位非常有效率的主持人和组织者。虽然社团会议在埃默里大学举行，但CEO们从会议中受益匪浅，这一事实却与具体的会议地址无关。

索南菲尔德在亚特兰大开始了一项非营利性计划，名为“首席管理者领导力研究所”（Chief Executive Leadership Institute），很多原来支持他的企业，又都支持了他的新计划。他将埃默里大学领导力研究所的工作人员带到了新的研究所。索南菲尔德还维持了他以前的人际关系，包括与纳斯达克证交所和其他团体的联系，他曾为这些组织召开过类似于CEO社团的会议。此外，他也继续他的写作和研究工作。正是因为他持续进行这些工作才令他有东山再起的可能。加上哥伦比亚广播公司《60分钟》节目（*60 Minutes*）对他的困境做出的正面报道，让他的声望得以重建，也让他成功地重返学术界。

永远表现的你将赢得最后的胜利

史蒂夫在一家人力资本软件公司担任CEO时非常成功，后来他成为一家外国风险资本公司的合伙人。该公司的投资状况不是很好，更重要的是，他很快发现他无法与海外合伙人进行有效的合作。于是史蒂夫离开了，进入一家小型软件公司担任 CEO，他在风险投资公司的时候曾对这家软件公司进行过投资。尽管他已经离开了风险投资公司，管理着一家财务状况不稳定的小型公司，但你在和他谈话的时候，你永远不会知道这有什么问题。他热情十足地谈论他目前的工作和公司的前景，拒绝承认他在风险投资公司时遭遇了任何挫折。现在他已经成为一家大型国际研究和咨询公司的执行副总裁，史蒂夫之所以能获得一个好职位，部分原因在于他表现得好像从未遭遇过任何职业逆境一样。

你是辞职了还是被解雇了？你以前的工作经验是否成功？这些情况往往是模棱两可的。其他人对这些情况的一个认知方法就是看你如何展现你自己。你乐观吗？你表现的状态是强大、成功还是与此相反呢？这就是为什么你需要培养能力，向别人展现出你当前可能并未感觉到的东西，就像第 7 章中描述的一样。这是一项重要的技能，你要让别人觉得一切都尽在你的掌控之中，即使实际情况糟糕得可怕。

当你遭遇命运挫折、最需要帮助的时候，吸引别人帮助你的最好办法就是，表现得你会赢得最后的胜利。

正如我在前面章节中所说的，人们总是希望能与获胜者沾亲带故。当你遭遇命运挫折、最需要帮助的时候，吸引别人帮助你的最好办法就是，表现得你会赢得最后的胜利。这项建议并不是说你在争取人们的帮助时不应该告诉他们事情的真相，而是意味着你需要表现得足够强大和坚韧，让你的潜在盟友相信，他们帮助你的努力不会白白浪费。

对于索南菲尔德而言，起诉埃默里大学在感情上难以做到，而且在亚特兰大，你很难找到一个法官或一家律师事务所与埃默里大学或其法学院没有关系，获得资金来支撑新的领导力研究所也很困难。但是，索南菲尔德不仅体现出自己是遭人误解，而且他对于自己作为教育工作者和研究者的能力也表现得信心十足。他展示了他的坚韧不拔，表现得他将最终赢得胜利。如果一个组织不能获得足够的资源来履行其使命，就不会有人捐钱给它。索南菲尔德表现出来的信心帮助他吸引到了一笔新研究所的起步资金。从这个意义上说，表现出你将会获得成功的能力，就是一种自我实现的预言。

第 10 章

为权力必须支付的五大成本

“天下没有免费的午餐”，凡事皆有代价，权力也是如此。当你标出权力路线图，决心要为获得权力做哪些事、不做哪些事的时候，你需要认真考虑你正在追寻的东西，想想你是否真的想要它。那么，为了成功地走上权力之路，你会付出什么样的代价?

弗朗西丝·康利是第一位女性神经外科医生，直到她退休时，她仍然是唯一一位女性神经外科医生。康利曾担任帕洛阿尔托退伍军人医疗保健系统主管、斯坦福大学医学院副院长，她的研究曾经帮助建立了一家生物技术公司。在她的自传中，康利将她在医药界的生活描述得非常严苛。她的丈夫菲尔是哈佛大学的工商管理硕士，他离开了企业界，为自己和其他人进行投资管理工作。菲尔扮演了支援型配偶的角色，因为做饭并收拾屋子的事情主要是他在做。他偶尔也会觉得不满，因为康利把病人和工作放在了第一位。至于子女，康利说："到 1982 年我的任期审查时，菲尔和我决定……我们不要孩子。生儿育女似乎永远无法融入我们的生活，我从学生、实习生到住院医生、教职人员，一直都在努力获得成功。"

"天下没有免费的午餐"，这是已故的诺贝尔奖得主、经济学家米尔顿·弗里德曼（Milton Friedman）的名言。凡事皆有代价，权力也是如此。当你标出权力路线图，决心要为获得权力做哪些事、不做哪些事的时候，需要认真考虑你正在追寻的东西，想想你是否真的想要它。人们往往会为寻求和获得权力付出一些代价，比如为提出请求，为保住自己的位置，为度过某些困难的、不可避免的过渡期。为了成功地走上权力之路，你会付出什么样的代价，这就是本章讨论的重点。

成本 1："盛名"之下的压力

2005 年 1 月，美国一家大型制造公司的两名高管之间发生了恋情，当事人中一个已婚，另一个离婚。他们两人两情相悦，而且从未有过任何形式的性骚扰和不尊重行为，他们之间的恋情只是当事人相互吸引的结果。这样的事件每年都有几千起，也许是几十万起，其中大部分不会给当事人的职业生涯带来不良后果，也极少引起公众的关注。但本例不同寻常，因为男方是波音公司的 CEO 哈里·斯通西弗（Harry Stonecipher），女方是波音公司副总裁。当知情人泄露这起恋情并引发风波时，斯通西弗在波音公司董事会的要求下辞职。

记住这个教训

如果你一定要做一些不受认可的行为，那么这样的事最好是在获得高级别职位之前发生，高级别的职位会让你一直处在同事、下属、上司以及媒体的关注之中。

当你拥有权力时，不是只有大事才会被公众关注。鲁迪·克鲁在管理迈阿密－戴德县学区的时候，他驾驶奔驰轿车这件事也引起了公众的评论。当他在一个自助餐厅用餐结束时，没有把餐具放到指定处，此事被一位记者郑重地记录下来。正像这些例子所说明的，位高权重意味着公众不仅会更仔细地关注你的工作业绩，也会关注你生活的各个方面，比如你如何着装、住在哪里、如何消磨你的时间、选择和谁一起消磨时间、你的孩子在做什么、你开什么车、你在与工作完全无关的领域中的所作所为，这些都会被人关注。

> 耶鲁大学前校长巴利特·亚玛提（Barlett Giamatti）曾说："倒不是说我遭到了什么不公正的待遇，但我原本是一个孤僻的人，但突然之间我就要看那些描写我的脸、我的衣服，以及我的手看上去是什么样的文章了。"组织行为学者罗伯特·萨顿（Robert Sutton）和查尔斯·葛路尼克（charles galunic）指出，组织领导者经历的公众监督包括持久关注、密切监看业绩、干扰以及对于正在发生的事情的无情追问。他们认为，这样的公众监督给领导者和他们的组织都带来了很多消极的后果。

这些关注让你的工作变得更加困难。如果你曾经演奏过乐器，我敢肯定你还记得你的第一次演奏会。与独自演奏或是在音乐老师或父母的注视下演奏相比，在别人的注视下演奏会更加困难，也更加费力，对大多数人来说情况都是这样。在别人的注视下演奏所带来的压力会导致人们忘记曲谱或台词。与独自练习相比，在舞台上演奏时的表现会糟糕很多。

社会心理学家们对这种现象进行过广泛而充分的研究，他们将该现象称为"社会促进效应"（social facilitaion effect）。**当有其他人在场时，即使他们没有看你，你也会更有积极性，更紧张不安。**在一定程度上，这是件好事。激励和绩效之间的关系是一条曲线：当付出的努力增加，直至达到某个程度之前，两者关系为正；当增强的紧张感降低了你处理信息和做决定时的能力，两者关系则为负。社会促进效应的研究显示，他人在场会增加激励和心理兴奋度，因此会提升在"过度学习"一类的简单活动中的表现，比如跑步或步行，但它也会降低那些在新颖的、困难的活动中的表现。人们对任务的熟练程度因人而异，但是总体来说，简单的重复性动作，比如装配线上的工作，可以从社会促进效应中获益；与此同时，需要进行复杂智力劳动的工作，比如分析多方面的复杂信息以做出决定，则会受到社会促进效应的负面影响。正是由于观察者会对表演产生负面影响，所以演员会在公开亮相前进行多次排练，但这种负面影响无法通过反复练习而变得彻底常态化。

知名度的另一个代价是分散精力。如果人们对自己的声望和形象感兴趣，他们就会花时间进行形象管理。当公众更仔细地审视一个人时，他用在形象管理方面的时间和资源也会相应增多。而用来应对公众监督而进行形象管理工作所花费的时间也就不能用于工作的其他方面了。知名度会造成精力分散，最突出的例证就是对美国或日本上市公司的CEO的调查。

> 一个关于美国CEO的调查发现，他们在企业治理与行政监督上花了约11%的时间，包括为投资者做演示、参加会议、召开每季度的电话会议等。这11%的时间约等于CEO花在公司经营上的时间，而多于他们花在产品开发上的时间。即使日本文化对股东的关注度较低，一项调查中的79位日本CEO也报告说，他们花在投资者关系上的时间比他们花在工会、员工培训和外包问题上的时间总和还要多。

知名度必然带来工作上的分心，因此个人和组织绩效都有可能被削弱。诺贝尔物理奖获得者理查德·费曼（Richard Feynman）的传记中提到，获奖者在获奖后引起大量关注，这常常让他们无法继续进行当初给他们带来声望的研究工作：

> 大多数科学家都知道这样一个让人笑不出来的"星际法则"，即获得诺贝尔奖标志着职业生涯的结束……声名和荣誉往往会加速科学家能力的衰退……创造性的工作常常需要长时间的、近乎沉迷的专注。

华莱士公司（Wallace Company）是第一个赢得“马可姆·波里奇国家质量奖”（Malcolm Baldridge National Quality Award）的小型生产企业，这家公司一度受到了记者和公众的大量关注。事实证明，访问、媒体采访和会议大大分散了公司的精力，以至于这家公司最后提出了破产申请。一位管理者评论说：

> 当你赢得了马可姆·波里奇国家质量奖，你也就有了一种义务，一种几乎近似于合同性质的承诺，它要求你走出去传播信念。如果有人希望参观你的系统和程序，你就必须开放给他们参观。这本是件好事，但如果你的业务正处在挣扎求生的阶段，这就会造成财务上的问题，并带来商业上的失败。

知名度还有另一种代价，在“要看起来不错”的压力下，人们和公司都不愿意承担风险、不愿意创新，而是选择看似安全的事物。这可能有助于解释克莱顿·克里斯坦森（Clayton Christensen）描述的“创新者的窘境”。克里斯坦森指出，一旦公司规模增长，获得成功，就很少再引入行业中的下一代创新事物了，尤其是当这些创新事物对其现有的商业模式存在破坏性的时候。大型的行业霸主型企业通常拥有智力和财力资源，可以将新技术推向市场，而且在许多情况下还是这些企业自己发现或开发新的点子。即使如此，这种缺乏创新的情形也仍然会出现。

在半导体行业中，这种状况非常明显，每一代新技术的出现，都造就了将会成为市场霸主的新企业。公众的关注、分析师和媒体对业绩稳定性的需要，让行业领导者变得不愿意尝试，因为他们担心会失去市场或者冒过高的风险。由于被关注是有成本的，所以在尽可能长的时间内不引起注意会带来一些好处。不管是对试图建立权力路径的公司还是个人而言，都是如此。

成本 2：丧失自主权

詹姆斯·马奇（James March）是一位非常杰出的组织行为学学者和政治学家，他说，你可以拥有权力或是自主权，但无法同时拥有这两者。他说得太对了。我以前的一个同事成了商学院院长，当我问他有些什么变化时，他回答说，他失去了对他的日程表的控制权。以前，他会花时间锻炼，花时间来思考和反省，做一些他感兴趣的事情，现在他则需要去见那些想见到他的市民和团体。像许多高级领导者一样，他的“办公室”人员替他安排日程，除非去找他们，阻止他们替自己安排每分钟的时间，否则他是不会有空闲时间的，甚至连按他的意思分配、以便让事情取得进展的时间也没有。

首先，当你拥有实权的时候，请求你的关注是一种恭维：有这么多人想见到你，这毕竟是一件好事。因此，如果你刚刚得到晋升，到了一个更有权力的位置上，你往往会被这个职位所需的时间投入压垮。**你不想拒绝某些团体和个人的支持，因为你可能需要他们的关注，如果这样，那么你的日程很容易就会变得爆满，而你也只能超时工作。**其次，这种情形会消耗你的精力，让你无法应对工作中突如其来的挑战。我所认识的大多数CEO和其他高管人员，都会在上任一段时间之后，给自己留出一定的时间来做自己愿意做的事情。但他们都谈到过他们在时间安排上的失控，认为这是为位高权重付出的一个巨大代价。

成本 3：牺牲家庭和个人生活

建立和维护权力需要时间和精力，这是毫无疑问的。一旦时间被用在了追求权力和地位上，就无法再用在其他事情上，比如爱好、个人关系和家庭。对权力的追求往往需要牺牲很多私人生活。虽然每个人都或多或少承担过一些这样的代价，但女性受到的影响似乎尤为严重。

正如本章一开始所讲的弗朗西丝·康利的故事，作为当时唯一的一位女性神经外科医生，在追求权力和地位的过程中，必然会付出巨大的代价。她的丈夫菲尔离开了企业界，做一些投资管理工作。在家庭中，他扮演了支援型配偶的角色，做饭、收拾屋子等。至于子女，正如康利所说："菲尔和我决定……我们不要孩子。生儿育女似乎永远无法融入我们的生活，我从学生、实习生到住院医生、教职人员，一直都在努力获得成功。"即便是在今天，情况也没有什么不同。

一名大型鞋业公司的女性主管，41 岁，有潜力且前途无量。她告诉我，2009 年公司排名前 100 位的女性中，只有非常少的人像传统女性一样结了婚、生了孩子。有些女性高管像她一样还是单身，有些人结了婚却没有子女。在谈到她自己的情况时，这位主管说她没有真正的私人生活，因为在她的职业生涯中，她已经搬迁了无数次，也因为一个成功的女人会被男人视为"威胁"。

安德里亚·王（Andrea Wong）是 Lifetime 有线电视频道的 CEO，她在美国广播公司（ABC）任职时，曾开发过大量的早期真人秀节目。安德里亚已经四十出头，但从未结过婚。一家大型石油公司的女主管负责在中国市场的零售业务，她已婚，有子女，但她的丈夫不工作。

记住这个教训

实际上，虽然也有成功女性拥有同样成功的丈夫，比如希拉里·克林顿和比尔·克林顿，但这样的例子不是常态。作为女性，要准备好付出更大的代价。

社会学家汉娜·帕帕内克（Hanna Papanek）曾形容，**女性往往会顾及丈夫的职业需要，形成“两个人，一个职业生涯”的情况。**妻子需要提供咨询、支持、款待同事以及减轻丈夫日常生活中的负担，并以这样的方式来帮助丈夫获得成功。虽然通常是女性充当这一角色，但也有男性在这样做。很多职业女性曾告诉我，她们“需要一个妻子”，是指她们希望有人在她们追逐成功的路上帮助她们。两个有才华的人为一个职业生涯而努力，就会有更多的时间和资源投入其中，提高成功的概率。这种职业生涯模式可以解释调查中发现的一个现象：有人对研究生院的毕业生做过调查，这些学生来自一流的法学院、医学院，特别是商学院，调查发现大多数女性在毕业 15 年后离开了职场，或至少是曾在某个时候暂时性地离开了职场。

你想要掌握权力，登上高位，就需要投入时间、精力和对成功的专注，这些都是不可避免的。

除法国之外，几乎每一个发达的工业化国家的生育率都低于人口更替水平，其中一个原因是女性在成功的事业和家庭之间进行了权衡取舍；另一个原因是在大多数工业化国家中，社会政策并没有对人们处理这种状况提供多少帮助。研究表明，对男性的职业生涯而言，结婚和生孩子或者没有影响，或者有正面的影响，而大部分研究表明，对女性的职业生涯而言，结婚和生孩子会产生负面影响。

简单地说，你不能两者兼得，对权力的追求需要权衡取舍，要考虑它对个人生活的影响。男性也面临着如何支配自己的时间的问题，因为对他们来说，一天也只有 24 小时，所以要想获得成功，男人也必须付出代价。杰克·瓦伦蒂掌管美国电影协会长达 38 年，我记得他曾描述说，他的雄心壮志已经成为“贯穿他的生命的黑线”，这条黑线将他从他的家人身边带离。瓦伦蒂在 80 多岁时仍然保持着较大的工作量，没有花足够的时间与孩子们一起度过。他住在华盛顿特区，而且在洛杉矶也有公寓，因为他的妻子无论如何也不想搬到加州。但不管怎么说，这种安排也很不错，因为制片商及电影工业大部分都在洛杉矶，而游说美国和其他政府则需要在华盛顿或者去海外，所以，在华盛顿和洛杉矶之间飞来飞去虽然旅程很辛苦，但非常适合瓦伦蒂的工作。

要获取和保持权力，就需要牺牲原本可以和家人朋友一起度过的美好时光，并不是所有人都愿意付出这样的代价。你想要掌握权力，登上高位，就需要投入时间、精力和对成功的专注，“牺牲”是不可避免的代价。

成本 4：不是每个人都可以信任

一个简单的事实是：你的权力越大、职位越高，就有越多的人想得到你的位置。因此，位高权重会给你带来一个“信任谁，不信任谁”的问题。你不能相信一些人，因为他们想搞垮你，以便给他们自己制造机会，当然他们不会让你发现他们的计划。还有一些人你也不能相信，他们试图讨好你，告诉你他们认为你想听的东西，以便让你喜欢他们，帮助他们提升。还有些人同时做这两种事。

哈拉斯娱乐公司 CEO 加里·洛夫曼曾说，你在组织中升得越高，就有越多的人说你的意见正确无误。这导致了批判性思维的缺乏，让高级领导者难以看到真相。对公司而言，这也是个大问题，因为你不知道问题存在，也就不会去解决它们。洛夫曼的努力克服了这个问题，他定期公开承认他的错误，并鼓励其他人也承认他们搞砸了的事情。洛夫曼还着重强调决策过程，尤其是强调数据和分析的重要性，而对于是谁做出了决定，他则不太在意。**位高权重的人往往自以为是，并且还对涉及他们自己的宣传炒作信以为真**，而洛夫曼对此保持着清醒的头脑。这个问题很难克服，因为它涉及我们想要高看自己的自然倾向，但洛夫曼还是努力地克服这种倾向，他找到了一些与哈拉斯公司没有利害关系的局外人，让他们提出有关公司的坦诚意见，他还鼓励公司里的内部人员开展公开辩论和批评性的自我反省。

洛夫曼在哈拉斯公司的成功，以及他在博彩业中顶尖管理者的地位，在一定程度上避免了一些人针对他的篡权念头。但是没有任何一个掌权者可以彻底避免祸起萧墙。

> 你的权力越大、职位越高，就有越多的人想得到你的位置。

帕特里夏·西曼（Patricia Seeman）是一位来自瑞士的管理培训师，她为众多高级管理者，特别是金融服务业的管理者提供建议。西曼告诉我，通常在高级管理团队中，所有向 CEO 报告的人都认为他们自己可以坐上 CEO 的位置，许多人认为他们可以比现任 CEO 做得更好，他们中的大多数人都渴望得到这一位置。

有些人希望现任 CEO 下台后，能够轮到自己，但其他人则会更加努力地积极向上爬。因此，**为了保住自己的位置，CEO 们需要辨别出那些搞暗中破坏的人，并赶在权力斗争失败之前，坚定地清除掉他们。**不仅 CEO 应当这么做，拥有野心勃勃的下属的其他高层管理人员也应该这样。

罗斯·约翰逊（Ross Johnson）曾任纳贝斯克公司（Nabisco）的 CEO，他因一桩巨大的杠杆收购案而出名。《门口的野蛮人》一书对著名的雷诺兹－纳贝斯克（RJR-Nabisco）收购案有淋漓尽致的描述。但是约翰逊真正出类拔萃之处，是他除掉天真的对手、登上 CEO 位置这一过程中所用的手段。约翰逊曾是标牌公司（Standard Brands）的 CEO，在标牌公司与纳贝斯克公司合并后，他在表面

上成了二把手。当时他面临着纳贝斯克公司内部的很多竞争对手，其中之一就是迪克·欧文斯（Dick Owens），纳贝斯克公司的首席财务官，此人在合并后晋升为执行副总裁，并进入董事会。“不管欧文斯想要什么，约翰逊都会答应。欧文斯不断地要找新的助手，他都批准了……在约翰逊的友好纵容中，欧文斯对财务的控制大大加强。”然后约翰逊就找到CEO，告诉他说欧文斯建立了权力太大、太集中的财务帝国。于是在一段时间后，欧文斯的地位就被约翰逊取代了。

接下来，约翰逊利用貌似善意和恭维的方式，优雅地架空了CEO。约翰逊让纳贝斯克公司资助了佩斯大学的一个教席，并以CEO罗伯特·舍伯利（Robert Schaeberle）的名字命名。他还保证，董事会将以CEO的名字命名纳贝斯克研究中心的新大楼。不久，约翰逊就成了纳贝斯克的CEO。就像约翰逊的盟友意识到的那样:“一个人的名字如果出现在建筑物上……还不如死了好。”

记住这个教训

当你掌权时，你可能不应该太信任组织中的任何一个人，除非你能确信他们非常忠诚，对你的位置没有觊觎之心。

位高权重的人需要一直保持警惕，不仅是为了确保自己听到的是真相，也是为了抗击竞争对手，维护自己的位置。当你拥有一个许多人都希望得到的位置时，这也是一项成本。

成本5：权力让人欲罢不能

尼克·宾克利（Nick Binkley）擅长演奏吉他和写作歌曲，并已出版了多张音乐CD，他是美国科罗拉多大学政治学专业毕业生，随后又在约翰斯·霍普金斯大学高级国际关系研究学院获得了国际问题研究硕士学位。当宾克利发现靠全职做音乐已无法养活自己时，他进入金融行业寻求发展。1977年，宾克利进入加州的太平洋证券银行，担任副总裁助理，之后他逐步晋升，在1983年时进入这家银行控股公司的金融服务系统部门，并最终成为太平洋证券公司的副主席，负责所有的非银行业务[①]子公司。在20世纪90年代初，美国银行收购太平洋证券银行时，宾克利成为美国银行的副主席以及董事会成员，负责该银行的多项业务。

宾克利先是在太平洋证券银行，后来又在美国银行担任高级职务，那时他享有权力所带来的一切福利。宾克利曾和太平洋证券银行的CEO坐私人飞机到日本吃午餐，然后又在午餐后飞回美国。他曾获得非营利性机构的董事会职位，在他想要歌剧和交响乐门票时，他总能顺利得到，而且他外出时常常乘坐直升机、私人飞机和豪华轿车。当美国银行收购太平洋证券银行后，当时的美国银行CEO理查德·罗森伯格（Richard Rosenberg）鼓励他留在银行，因此宾克利又有了一个保护他避免失去工作的金色降落伞。但宾克利觉得，作为一个位于高层的外部人士，他有可能前途未卜。既然他的降落伞要失效了，所以他决定“拉伞绳”，和一些来自创投行业的同事组成了一个风险资本和私募股权投资公司，名为福里斯特－宾克利和布朗公司（Forest, Binkley, and Brown），这家公司得到得克萨斯州的西德和李巴斯公司（Sid and Lee Bass Interests）的支持。

就像宾克利描述的那样，前一天他还在世界上最大的银行之一担任副主席，第二天他就不再是了。这种转变相当困难。宾克利说，在一个大型组织中担任高层领导，需要很多精力来度过每一天。作为一个公众人物，想要有高水平的表现，用他的话来说，就需

> 当你失去那个位置后，就失去了这些关系，因为大多数人只是在你有权有势时才有兴趣跟你在一起。

① 包括风险投资和个人理财，例如个人信用贷款。

要“好似咖啡因带来的兴奋”。当你离开这样的位置，这种高水平的活动停止了，“就像汽车从每小时 145 公里的速度骤然停止一样”。当你的肾上腺素快速分泌又突然停止时，就会产生一个内在的生理反应。除了活动的水平和强度的变化外，人们也从对你的恭维奉承变成更“正常”地对待你的每一个要求，而你也不再那么引人注目了。宾克利进一步评论说，作为一个大公司里的高管，你被同等身份地位的“玩家”包围。而当你失去那个位置后，就失去了这些关系，因为大多数人只是在你有权有势时，才有兴趣跟你在一起。不再是一个“玩家”的感觉、不再是精英团体中的成员之一的感觉，让很多以前曾在权力和金钱游戏中获胜的成功者感到失落。

宾克利描述了权力戒断的生理以及心理反应：他生病了，难以入睡。宾克利告诉我说，他觉得这几乎跟硬性戒毒没有什么不同。失去权力，即使是自愿的，也给他的婚姻带来了压力，但到最后，他的婚姻不仅经受住了考验，而且变得更加牢固。现在，宾克利是旧金山禅宗中心（San Francisco Zen Center）的外部财务顾问委员会成员，他效力于公司董事会，并在风险投资公司运作大约 17 年后逐步结束了业务。到禅宗中心进行佛教冥想练习，是他在寻求帮助以应付“权力戒断症状”时开始的。当人们处在高强度的精力和注意力活动水平上时，很难不迷失自己的身份和价值观。

2005 年，当我访问伦敦商学院的时候，通用电气公司前任 CEO 杰克·韦尔奇也到那里做专题演讲，并为他的新书做宣传。当韦尔奇被学生们的恭维奉承包围时，我心想：“为什么他在人生的这个阶段要这样做？”不仅仅是韦尔奇，很多人都在离开有实权的位置后继续效力于多个委员会，并继续保持快节奏的生活。

> 一个合理的猜想是：他们在高位的时候，习惯于整日参与大量活动，而一旦离开工作岗位，他们就会制造机会，尽可能地过类似的繁忙生活，并制造类似的肾上腺素兴奋感，而且这样做，还可以收获他们曾经习惯得到的恭维奉承。

在刚失去工作之后的一段时间内，失业者的死亡风险会增加，这不仅仅是因为有着更大的经济压力，或是缺乏医疗保险。英国学者迈克尔·马莫特研究了社会地位对健康的影响，正如他所说，不工作和健康之间存在着联系，其中一个原因就是，失去工作“代表着丧失了一个社会角色，并失去了所有与之有关的东西”。

权力会令人成瘾，这是生理上的，也是心理上的。与高层人士进行重要讨论，这会带来繁忙和兴奋感，人们对你呼之即从，这会让你的自信心膨胀，即使是你自愿选择退休或离开，即使你有很多钱，根本花不完，但失去这些东西还是让人感觉难以承受。在痴迷权力和名人的文化中，“失去权力”就意味着不再引人注目，远离人们的关注中心，几乎成了隐形人。这是一个非常艰难的转变过程，以至于一些管理者会设法避免落到一个权力较低的位置上。

> 花旗集团的桑迪·韦尔和美国国际集团（AIG）的格林·伯格汉克（Hank Greenberg）在退休时远远超过正常的退休年龄，他们拒绝选定接班人，最终这些大型上市公司的董事会不得不迫使他们离开。哥伦比亚广播公司的比尔·佩利（Bill Paley）问他的传记作者萨莉·比德尔·史密斯（Sally Bedell Smith）：既然在他 80 多岁高龄时还能控制这家公司，那别人有什么理由让他放弃呢？

这些例子和无数其他例子都说明了，**权力还有另一项成本，即权力**

的成瘾特质，它使得离开高级职位令人难以承受。但是，每个人最终都不得不下台，权力的这种特质，也使得离开高级职位成为一些人极为痛苦的经历。

在最初的几个章节中，我们讨论过获得权力和地位的好处，比如让你寿命更长、更健康，你可以将权力和名声变成金钱，并从中创造财富，而且权力还可以让你在组织和社会中做出重大变革。在这一章中，我们看到了权力方程式的另一面，即得到和维持权力的代价。你不一定要避开权力，重要的是，你需要意识到它的潜在害处。每个人都必须权衡权力的好处和成本，然后再决定自己应该和权力保持一种怎样的关系。

第 11 章 警惕失去权力的六大因素

每个人最终都会失去权力，这是无法避免的，毕竟我们都会变老，失去我们的职位，但是你需要避免迅速而频繁地失去权力。虽然每一次权力丧失事件都有其自身的特殊性，但也有一些共同特点是你需要避免的。可见，保住权位变得越来越困难，但并非绝无可能。

杰克·瓦伦蒂掌管美国电影协会将近40年，他的老板是一些大牌的制片商，这些人可不是世界上最好最友善的老板。威利·布朗担任加州议会议长16年，如果不是任期限制迫使他离开立法机关，他可能现在仍然在这个位置上。艾尔弗雷德·斯隆（Alfred Sloan）担任通用汽车公司的CEO一职长达23年，担任董事长19年，罗伯特·摩西管理纽约的公园、桥梁和公共工程近40年，历经多任有权又浮夸的市长和州长而他自己一直屹立不倒。可见，保住权位变得越来越困难，但并非绝无可能。

即使在你获得一个高级别、有实权的职位之后，你是否能长期停留在那个位置上也是难以得到保证的。公司CEO的权力变得非常大，这种现象在美国尤为突出。在任的CEO可以控制庞大的财政资源，都可以任意聘用他们的支持者，并解雇那些挑战他们权威的下属，董事会表面上是他们的老板，但CEO能够影响董事会的选择。不过，根据博思艾伦咨询公司（Booz Allen）的报告，1995—2006年，公司CEO的年流动率增长了59%。这种增长发生在全球范围内，而不只是在美国。在同一时间段，CEO被解雇或排挤的事件增长了318%。

这种现象也发生在其他领域的领导者身上。有人对商学院院长进行了一项研究，发现英国商学院协会的100名成员中，在两年内出现了41次院长职务更迭。在美国，学生数量多于25 000名的学区中，督学的平均任期少于6年。在医疗保健机构中，领导者由于面临行业中越来越多的挑战和不稳定性，他们的任期也缩短了。即使是像美国红十字会这样的志愿者组织，领导层的流动率也较高。

如果你成功地登上了有实权的职位，能够保住它一阵子当然会很好。虽然每一次权力丧失事件都有其自身的特殊性，但也有一些共同特点是你需要注意的。每个人最终都会失去权力，这是难免的，毕竟我们都会变老，失去我们的职位，但是你需要避免迅速而频繁地失去权力。

要的太多，给的太少

有一句老话说，“权力使人腐化”，这句话在大多数情况下都是正确的，尽管“腐化”这个词可能不太恰当。加州大学伯克利分校的社会心理学家达契尔·克特纳（Dacher Keltner）和他的同事们认为，权力会导致“趋向”行为，即人们更积极地争取自己想要的东西，同时权力也会削减“抑制”行为，即削减人们遵循社会规则和限制的倾向，而这些限制能够阻止人们采取某些行为来达成自己的目标。在掌权者身上，必然会出现更多的“趋向”和更少的“抑制”。卑躬屈膝的小人物会讨好掌权者，以便能被掌权者喜欢。掌权者的愿望和要求会得到满足，他们习惯于事情按照他们的想法进行，习惯于自己被视为非同寻常之人。虽然有实权的人物可能也会意识到，特殊待遇源自他们所拥有的位置和他们所控制的资源，但随着时间的推移，这些想法会逐渐淡化。我的一个朋友在英国石油公司身居要职，在近距离观察 CEO 后，他告诉我说："不管初衷和愿望是什么，到最后，权力都会影响到每个人的头脑。"

关于权力对掌权者的影响，多项研究都发现，权力会带来过度自信、冒险精神、对他人不敏感、形成固定看法，并倾向于把他人看作是满足掌权者的手段。戴维·基普尼斯（David Kipnis）进行的一项研究模仿了日常工作的情形。他让参与者进入一个模拟的工作场所，并给他们分配了一个下属。部分参与者没有对资源的正式控制权，他们必须通过劝说来影响别人，而另一些参与者有权力奖励和惩罚那些为他们工作的人。

研究发现，参与者控制权力杠杆的能力越强，例如增加或减少工资，他们影响下属的尝试就越频繁。此外，权力更大的参与者，常常认为下属的工作绩效是他们控制的结果，较少认为那是下属的努力和积极性的结果，而且他们认为自己比下属更优越。证据显示，他们与下属在一起的时间更少，而且他们试图与权力较小的参与者保持距离，虽然在这个实验性的研究中，哪些参与者被赋予主管角色、他们拥有多大的权力，这些都是随机挑选的，而且都是暂时性的。

不管初衷和愿望是什么，到最后，权力都会影响到每个人的头脑。

随着人们对权力影响的研究日益增多，其中的一个发现是：**人们很容易进入"权力"心态，这种心态让他们举止无礼和粗鲁**。仅仅让人们回忆自己曾经拥有权力并能够为所欲为的时刻（相对于让他们以为自己没有权力，不可能得到他们想要的东西而言），或是让他们在陌生人形成的临时团队中适度控制一些毫无意义的奖励措施，这些似乎就已经足够让他们进入"权力"心态。

在对权力影响的研究中，"伯克利甜饼研究"（Berkeley Cookie Study）比较知名，也比较有趣。实验者让三个陌生人在 30 分钟内讨论漫长无聊的社会问题，随机选择一个成员负责给其他两人打分（分数不会带来任何实质性的后果）。当实验者端着一盘甜饼进入房间时，每个人都自然而然地拿了一个甜饼。而被随机选择负责打分的人，更有可能多拿一个甜饼，也更有可能张着嘴嚼甜饼，甜饼屑也更容易粘在他的脸上和撒在桌子上。

过度自信和缺乏敏感性会让你失去权力，正如当人们变得意气风发时，往往会忽视某些人的需要，而这些人的敌意可能给他们制造麻烦。

过度自信和缺乏敏感性会让你失去权力，正如当人们变得意气风发时，往往会忽视某些人的需要，而这些人的敌意可能给他们制造麻烦。相反，不要让权力影响你的头脑，不要表现得好像自己无所不能，只有这样做才能帮助你保住地位。萨夫拉·卡茨（Safra Catz）于 1999 年进入甲骨文公司，那时她的职责尚不明朗，而今天她已经是这家大型软件公司的总裁了。甲骨文公司曾有过高调的高层管理者，包括前总裁雷·莱恩（Ray Lane），还有前高级副总裁马克·贝尼奥夫（Marc Benioff），贝尼奥夫离开甲骨文创建了 Salesforce.com。但甲骨文公司似乎特别不适合太过高调的高管人员。卡茨本人则避开宣传，也避免任何可能在甲骨文创始人兼 CEO 拉里·埃利森（Larry Ellison）面前抢风头的行为。《财富》杂志曾将卡茨评为最有权势的美国女性之一，虽然她很富有，也很有权势，但她一直都知道她的位置在哪里。正如亚当·拉辛斯基（Adam Lashinsky）所写："最初她甚至没有办公室，在埃利森附近的一张圆桌上办公……甲骨文的一个部门销售产品给美国联邦政府，这个部门的一位高管安排和卡茨开会，想弄清她在做什么。一位与会者透露，卡茨当时说，'我在这里帮助拉里'。"

不要让权力影响你的头脑，不要表现得好像自己无所不能，只有这样做才能帮助你保住地位。

权力会导致掌权者对权力较小的人关注较少，而专注于实现自己的或组织的目标。但是，对他人缺乏关注常常会导致领导者垮台。

伯纳丁·希利（Bernadine Healy）是一名心脏病医学博士，她在美国红十字只担任了两年主管就被解雇。从许多方面来说，红十字会一直都是一个麻烦缠身的组织。红十字会是最大的血液供应商之一，提供血液银行业务，但它在献血的跟踪和筛选方面受到了美国食品和药物管理局的批评。“9·11”恐怖袭击之后，人们指责红十字会利用这次灾难筹集了巨额资金而其中大部分被用于一般业务或救济其他灾害。从 1989 年开始，直到 2001 年 12 月希利被解雇时，红十字会经历了三位领导和四位临时领导。

希利进入红十字会时，决心解决困扰组织的难题，她认为可以通过发号施令进行重大改变。但红十字会的传统是权力下放和地方分会自主，50 人的董事会大多来自地方分会，他们不喜欢听到批评，也不会按照高层的指示行事。具有讽刺意味的是，希利的垮台始于一起小事件：新泽西州哈德森又小又穷的分会在财务上存在不当行为，其主管的贪污行为被揭露出来。“资深管理者们认为，她本来应该让这名主管带薪停职，但他们反对聘用外部审计师进行调查。”

记住这个教训

如果你揭露了某些人的错误，那么即使你拥有正式授权的职位，即使你的做法是正确的，这也不会为你赢得被你揭发的错误者的支持。掌权者很难从别人的角度看待事情，但如果你想保住你的位置，你就需要克服你自己的想法和你的立场，并对周围的职场政治动态保持敏感性。

帕特里夏·西曼是一位顾问，她为瑞士的高级管理人员提供培训。西曼说，要保住你的位置，最好的办法就是保持你的洞察力和平衡性。“除非你很了解你自己，否则你就会失控。”西曼告诉我，瑞士再保险公司的一位前主席采纳了这个建议，设法保持了自己的洞察力：“你必须时不时地

待在一个和你的职位无关的社交圈里。”因此，这位聪明又有权的高级领导者有时会回到他上小学的地方——阿尔卑斯山的某个村庄里，对这里的人来说，他跟他 7 岁的时候是同一个人。

如果你能在一定程度上抵制权力带来的一些行为改变，就更有可能保持你的影响力。

令人遗憾的是，位高权重的人常常不喜欢想起自己曾经的模样，不喜欢想起现在和以前差别有多大。他们有时会离婚，离开在职业生涯起步时陪伴他们的配偶，换成“战利品”式的伴侣，他们也会离开一些同伴，因为这些人会让他们想起自己在没有掌权时的情形。如果你能在一定程度上抵制权力带来的一些行为改变，就更有可能保持你的影响力。

过度信任

当你变得有权和成功时，你也会过于自信，缺乏观察力，这种倾向的一个具体表现，就是相信别人告诉你的事情并依赖他们的口头保证。**当你变得不那么警惕，对他人的意图毫不怀疑时，他们就有机会拆你的台了。**

位于北卡罗来纳州夏洛特的国民银行（Nations Bank）与总部设在旧金山的美国银行，在 1998 年时合并。这是一个对等合并，两家银行的管理层共同管理合并后的机构。美国银行 CEO 大卫·库尔特（David Coulter）毕业于卡内基梅隆商学院，他认为合并对两家公司都有利，在他看来，这桩交易是一个智力挑战，目的在于增加股东价值，改善组织运营。库尔特相信双方会分享权力，却没有看到一场权力游戏正在展开。国民银行 CEO 休·麦科尔（Hugh McColl）承诺，库尔特将在合并后的机构中起到重要作用，库尔特对此深信不疑。大卫·德马雷斯特（David Demarest）曾是老布什总统时期的白宫沟通事务部主任，在两家银行合并的时候，他担任美国银行的副总裁兼企业市场传讯部总监。德马雷斯特讲述了所发生的事情：

> 这个现象真是惊人。我和《夏洛特观察家》（*Charlotte Observer*）的人去了媒体圆桌会议，库尔特和麦科尔也一起出现在会议中，麦科尔几乎快要热泪盈眶了，他说着库尔特有多么优秀，而他自己可能会提前退休，因为他看到了库尔特的价值。这真是一场作秀式的表演。他们承诺，“会在每个位置安排最合适的人”，但在几周内，这些承诺就开始瓦解了。
>
> 在这时，有传言说库尔特开始咨询一些律师，看看能否可以解除这个协议。当这种传言传开来的时候，麦科尔说“够了，到此为止”，然后你就可以看到从夏洛特传出的新闻故事，像什么“哇，美国银行这次搞砸了，我们以前不知道这个方案在资金上如此匮乏”。你可以看到他们是如何一步步除掉库尔特的。

库尔特轻信了麦科尔告诉他的话，据说这个人在他的办公桌上放了一个真的手榴弹，这让他付出了失去工作的代价。合并后不到三周时间，库尔特就辞去了美国银行的CEO职务。正如一位记者在报道中所说：“美国银行的人误信了别人，他们忘记了战争是残酷的。麦科尔和他的副手们打败了他们。”

误信别人的人不止库尔特一个。人们会做很多事情来获取权力，但是在他们做出一定的承诺时，你不一定要指望他们信守诺言。李光耀是在任时间最长的新加坡总理，一旦掌握了大权，他就向他的盟友开战了。正如他解释的：

> 首先，我们必须摆脱英国的统治……为了做到这一点，你必须争取尽可能广泛的支持，并赢得尽可能多的民心……首先你必须获得权力。当你拥有了权力后，你就有能力说："这有什么问题？我说过那些话吗？如果我说过，那就忘掉它。"

李光耀和他的政党在新加坡执政几十年，从来没有忘记他们自己的所作所为，因此他们从来不姑息潜在的敌人和反对者，也不会过分相信别人的漂亮话。

对别人应该给予多少信任，其中一个方法就是看看他们做了什么事。常言道"行动胜于雄辩"。在美国银行和国民银行的合并案中，最初的协议是董事会成员的席位在两家银行之间平均分配，但麦科尔说服库尔特修改了这一条款，然后又将合并后的总部定在了夏洛特。这应该是一个信号，说明麦科尔不仅对股东的福祉感兴趣，也对新机构的控制权感兴趣。在新的董事会中，国民银行有 13 人，而美国银行有 12 人，这种局面有利于国民银行，当然库尔特也就注定了会在权力斗争中失败。

失去耐心

2009年，在担任佛罗里达国际大学校长23年后，古巴裔美国人米奇·迈迪克（Mitch Maidique）博士主动辞职。这让他成为佛罗里达州历史上大学校长任期最长的人，以及在美国研究型大学中校长任期排名第二的人。迈迪克是一个从迈阿密繁华区走出来的精英，他参与了鲁迪·克鲁的聘用决策。为什么迈迪克能留在一个非常具有政治色彩的职位上这么久，而克鲁却做不到呢？这个问题有多个答案，固然每个人的工作都有明显的差异，但这个问题还是可以从人们的耐心程度这个角度来得到部分解答。

迈迪克向我解释说，在一个知名的大型机构担任一个有实权的职务是很困难的。**你必须参加一些活动，比如一些人的婚礼、成人仪式、筹款活动和葬礼，尽管你不一定喜欢这些人，有时你宁可做点其他的事。**但是你必须去参加这些活动，这是在履行你的社会责任和社会期望，也是巩固你和一些人的关系，这些人对你开展工作和保住职位而言很重要。此外，**身处大学校长这样一个享有盛名的职位上，关乎你如何才能把你的工作做得更好，每个人，包括学生、教师、校友、公民和职员在内，都有他们自己的看法**，很多人会毫不客气地与你或与公众分享他们的意见。在这些人中，有很多人都不知道他们自己在说什么，但所有这些事都需要你从繁重的工作中抽出时间来处理。

对于迈迪克而言，他的主要工作是运营一个有3.8万名学生、研究经费迅速扩大的大学。这样过了一段时间后，你会很容易失去耐心，痛骂那些让你的工作难上加难的“自以为是的傻瓜”。但是迈迪克意味深长地指出，**这些“自以为是的傻瓜”可能会让你失去你的职位。**在公共教育界工作几十年后，鲁迪·克鲁对那些鸡毛蒜皮的小事失去了耐心，甚至忽视了数以万计的儿童缺乏教育机会这样的事实。他不再那么小心谨慎地说话了。而迈迪克在佛罗里达国际大学掌舵的几十年中，不管他自己的真实感觉是什么，他都设法保持了镇静、风度和魅力。

在你掌权的时候，你更容易失去耐心，因为权力会导致“抑制解除”现象，你对自己的言行不再小心谨慎，而且更加关心自己的感受而忽略别人的感受。但失去耐心会让你失去控制并得罪他人，这可能会导致你失去工作。

失去耐心会让你失去控制并得罪他人，这可能会导致你失去工作。

疲倦，让人放松警惕

控制你的自负感，注意别人的行为，这是一项艰苦的工作。想要得到并维护权力就需要花费大量的时间和精力。往往在过了一段时间后，一些人变得疲倦，他们的警惕性不再那么高了，而且也更愿意做出妥协和让步。我们总是会看到我们想看到或期望看到的东西，但当人们变得疲惫不堪时，把愿望投射到现实上的倾向会变得更加强烈。

托尼·莱维坦（Tony Levitan）和他的同学弗雷德·坎贝尔（Fred Campbell）想要创办一家公司，他们希望公司拥有独特、平等的文化。1993年从商学院毕业后，他们创办了后来的电子贺卡公司（eGreetings）。公司最初出售在线电子贺卡，后来改为免费发放。坎贝尔是CEO，莱维坦是联合CEO，他们的领导风格是相同的，并使用不同寻常的头衔，比如莱维坦自称是"混乱创造者"，显示了他们希望把公司建设成为一个能让员工从中获得乐趣的地方。他们的业务可能比当时互联网的发展领先了一步，公司在1999年上市。随着互联网泡沫的破灭，他们的公司也遭遇了失败，并被另一家公司以一个不太高的价格收购了。但是当这一切发生的时候，莱维坦已经离开了公司。

创办一家新的公司，这个任务十分艰巨。当初坎贝尔与莱维坦一起创业时，坎贝尔说他在差不多5年的时间里状态都还不错。他说："我对事情真的非常投入，我就是这种类型的人，所以我每周工作7天，如果我没有在工作，那就是在思考工作。但这也对我造成了伤害，终于，我变得疲惫不堪。"

莱维坦也对工作压力和单调乏味的日常工作越来越厌倦。当坎贝尔宣布他要离开时，莱维坦没有向董事会要求成为唯一的CEO。相反，电子贺卡公司聘请了猎头公司寻找外部继任者。但在当时，互联网泡沫正处在最高峰时期，公司难以吸引到优秀人才来担任CEO。寻找人才的过程持续了7个月，这个事实并不奇怪，因为大部分寻找人才的过程从未成功完成过。漫长的搜索过程让电子贺卡公司的工作人员更加筋疲力尽。最后公司聘用了戈登·塔克（Gordon Tucker），虽然莱维坦等人对他的管理风格是否适合公司文化的问题存在一些疑虑。但莱维坦非常疲惫，董事会感到事情很紧迫。不久之后塔克进入了电子贺卡公司，莱维坦开始受到排挤，很快他就离开了公司。在谈到作为共同创始人而被迫离开公司的经验教训时，莱维坦强调说他太疲惫了，无法继续留在这个游戏中：他无法对别人的花招保持警觉，也没有精力去战斗。

如果你处在一个权力相当大的位置上，而你觉得自己变得越来越疲倦时，那你还不如离开这个位置。总是会有其他人愿意从你手中夺走这个位置，而当你精力不佳，警惕性下降时，你根本无法有效地进行抵抗。

时代变了，战术不变

罗伯特·纳德利是家得宝的前CEO，他像暴君一样召开股东年会，会议在其他董事会成员缺席的情况下也照常进行，如此一来，股东们的“麦克风”就被关闭了，因此他们完全没有提出问题的机会。纳德利可能以为他这样做也没有什么不寻常。毕竟，当时是暴君式CEO的鼎盛时期。无视股东权力既不是什么新现象，也不是闻所未闻的事。但他的行为引起了公愤，这成了他失去工作的原因之一。人们对“新式”CEO的领导技能有很多想法，这些技能包括倾听别人的意见、关注多个利益团体以及不像“旧式”CEO 那么嚣张傲慢。时代已经变了。纳德利没有意识到这一点，也可能他意识到了，但却没有调整他的领导风格。

如果你处在一个权力相当大的位置上，而你觉得自己变得越来越疲倦时，那你还不如离开这个位置。

纽约的公园事务主管罗伯特·摩西掌权近 40 年，一直工作到 80 岁高龄，他也没有完全意识到环境发生的改变。1956 年，摩西计划把纽约市中央公园 4 000 平方米的土地建为绿苑酒廊餐厅（Tavern-on-the-Green Restaurant）的停车场，这遭到了曼哈顿西区一些母亲的抗议。摩西对付这些母亲的方法，就像多年来他对付建设项目中遇到的对手一样。他不顾她们的反对，决定在夜间砍伐树木。母亲们的抗议并没有打动他，就像罗伯特·卡罗（Robert Caro）的传记中所描述的：

> 如果说摩西的所作所为引起的轰动可以在地震仪上做出标记，实际上绿苑酒廊餐厅抗议事件几乎没有留下任何痕迹。仅仅是 23 位母亲吗？他刚刚宁愿驱逐几百名母亲，也不愿把跨布朗克斯高速公路的部分规划设计移动仅仅一个街区！更何况当时他正忙于为了建造曼哈顿中心区而驱逐 5 000 名母亲，以及为建立林肯中心而驱逐 4 000 名母亲离开家园！现在只不过是一个停车场，一个小小的停车场而已！

这次，摩西遭遇了前所未有的新闻报道和公众批评。他放弃了，并将那块土地的规划改为修建游乐场，而不再是停车场。这一事件让他百战百胜的名声蒙上了污点，公众对他所采取行动的监督也高涨了。摩西的一些亲信说，从那之后，即使他又继续把持了职位十多年，但他再也不能像以前那么为所欲为了。问题是，在 20 世纪五六十年代，推土机和暴力拆迁的概念已经与20年代不可同日而语。在20世纪20年代，公共公园和其他公共工程的建设仍处于初级阶段，当时人们迫切需要对这些公共设施做出修缮。

人们包括公司都容易落入能力陷阱。他们曾以某种方式做某些事，并获得了成功。美国的汽车公司制造了小型货车和运动型多功能车，赚得盆满钵满。但是当市场变得倾向于较小的车型时，汽车公司没有注意到这个变化，而当他们意识到时，他们又缺乏向新的细分市场转移的能力。通用电气公司因其多元化的金融结构而广受推崇，因为它在许多不同的经济部门中运作，因此减小了风险。但当集团没有跟上形势时，通用电气就陷入了窘境。艾尔·邓拉普因进行减员增效而成为英雄；弗兰克·洛伦佐（Frank Lorenzo）先是在美国东方航空公司，后又在大陆航空公司与工会进行斗争，各大商学院都为他而欢呼。在一定的时间和地方，与工会作斗争和减员增效都是可行的策略，不过最终这些策略都失去了效力，洛伦佐和邓拉普似乎没有注意到这一点。公司和领导者可能没有留意到社会环境的一些变化，这些变化使得旧方法的效果与以前相比不再那么成功了。**权力会降低掌权者对他人的关注和敏感，这种倾向会导致问题变得更加严重。环境变化再加上失去警觉，两者结合在一起，往往就会导致掌权者丧失权力。**

对权力恋恋不舍

当然，到了最后，所有人都会失去权力。正如组织行为学教授杰弗里·索南菲尔德在他的著作《英雄谢幕》中所指出的，一些人为他们的接班人让出道路，另一些人则留恋于他们拥有影响力的过去。阿曼德·哈默

（Armand Hammer）是美国西方石油公司的CEO和创始人，在他90多岁高龄时，哈默还为自己制订了一个长达10年的薪酬激励计划。

一些高级领导者则提前培养好接班人，然后离开做其他事情。杰克·韦尔奇离开通用电气时，很多人都有接替他的可能。韦尔奇从CEO的职位上退休后，成了管理问题的专栏作者、作家以及演讲者。美国美敦力公司前CEO比尔·乔治（Bill George）则成了哈佛商学院的教员，以及领导力方面的作家和演说家。

我妻子对此的评论非常恰如其分，“在聚会结束之前离开”，这样做既是可能的，也是可取的。**你无法永远完全保住你的权力，但你可以有尊严地离开，并给后人留下珍贵的财富。**

Why Some People Have It and Others Don't

第四部分

踏上你的权力之旅

第 12 章

大胆地去竞逐权力吧

无论是你的同事还是合伙人，他们想到的都是你对他们的用处，在你没有用的时候，如果他们想让你消失，那么你就会消失。你需要照顾的是你自己，使用一切手段来照顾自己，毕竟，这是公司和企业界权威人士多年来一直在忠告的。你应该认真对待这个忠告。

在2009年春，有报道说，4名合伙人离开了著名的大型风险投资公司Venrock。其中包括经营合伙人托尼·孙（Tony Sun），托尼·孙在公司工作的30年间，帮他的合伙人赚了数十亿美元。另一个是两年前才进入Venrock的大卫·斯米诺夫（David Siminoff），他在数字媒体领域经验颇丰，曾是Spark Networks的CEO，而且他还创建了一流的移动研究服务提供商4INFO。离开的还有在Venrock工作了11年的埃里克·科普兰（Eric Copeland），此人具有数字通信技术方面的经验，在工程领域有极强的背景。最后一个是里奇·莫兰（Rich Moran），之前是埃森哲咨询公司高管，莫兰是在为Venrock公司做了改善决策过程和组织力量互动的咨询之后，进入这家公司的。

本书的主题是如何让你走上权力之路，如果你并不期待获得大量权力，那么本书也可以帮助你在组织中充斥的力量互动中保有自己的地位。这就涉及我经常被人问起的一个问题："即使这些职场政治行为对我和我的职业生涯都有好处，那它们对组织有好处吗？"

乍看之下，对组织中的职场政治行为有这样的关注似乎是有道理的。

在关于组织的研究资料中，有一个主要观点是："政治与职场行为中的'阴暗面'有关，研究人员通常认为，职场政治行为本身就是造成分裂、紧张和不同意见并导致绩效降低的原因之一。"这个观点得到了经验证据的支持。如果人们感觉到组织中职场政治气氛浓厚，他们的工作满意度、士气和组织归属感就会降低，而且辞职倾向也会比较高。

但我认为，你可能不需要担心你的行为对组织的影响，因为大量的数据和例子表明，组织并不是非常关心你。正如在本章一开始的例子中，虽然"官方"消息称离职是自愿的，但事实并非如此。托尼·孙猝不及防地被强迫离职，当他试图与驱逐他的人进行对抗时，却发现他的其他合伙人也参与其中，这些合伙人已经告诉了有限合伙人（即投资者）这一行动，并取得了他们的支持。莫兰在担任了数月的驻企高管作为过渡后，就被措手不及地赶出公司。我问他为什么会发生这样的事，因为他才刚刚进入这家公司，他的作用是对这里过度自负的人际互动提供"成年人的监管"，结果不久他就被迫离开。莫兰对此的看法很有见地：一些人表现得不好，但他们不想有人提醒他们的不良行为，即便提醒者肩负着改善组织流程的责任也丝毫起不到作用。

合伙企业的高层面临着政变和叛乱，这大概是意料中的事。在黑石集团的联合创始人、亿万富翁彼得·彼得森（Peter Peterson）身上也发生过这种事情。当他在与卢·格鲁克斯曼（Lew Glucksman）的权力斗争中失利时，对方迫使他离开了雷曼兄弟公司的领导者位置，当时雷曼兄弟也是一个合伙企业。政府合同律师埃尔登·克罗韦尔（Eldon Crowell）在权力斗争中失利后被迫离开了众达律师事务所（Jones Day），他带走了众达华盛顿办事处的大部分人员，创立了克罗维尔与莫林律师事务所

（Crowell and Moring）。很多大型会计师事务所的经营合伙人都曾被毫不客气地驱逐过。

在时势艰难的时候，合伙企业中的非自愿离职事件发生得更为频繁。研究证实，人们的直觉是正确的：在资源匮乏的时候，会有更多涉及资源分配的斗争，职场政治斗争更有可能发生，权力倾轧也更频繁与激烈。对大学预算分配的研究发现，在资金紧张的时候，部门权力和所获预算金额之间的关系更显著。

在资源匮乏的时候，会有更多涉及资源分配的斗争，职场政治斗争更有可能发生，权力倾轧也更频繁与激烈。

正如一位风险投资合伙人告诉我的："当形势大好，金钱滚滚而来时，我更容易容忍一些合伙人的混蛋行为。但如果他们没有为我赚来很多钱，我们又不得不缩减公司规模时，我对他们的行为方式的容忍度就降低了。"

2009 年夏天有一篇关于风险资本业的文章，列举了离开这一行业的大量合伙人，当时被代理的投资人数目在一年内从 8 892 减少到 7 497。因此，当资本流动减少，有限合伙人抱怨回报低，企业的数量和规模缩减时，在 Venrock 公司发生的风暴也在该行业的其他地方发生着。这里的教训非常明确：**你应该总是提防有人暗箭伤人，而且在经济危机时更要小心谨慎。**因为这个时期是职场动荡和权力倾轧的高峰期。

你可能会想："这跟我有什么关系？"当这些高层人士被驱逐出公司，或在权力斗争中失利时，他们带走的钱比我们梦想的更多，而且权力斗争在企业高层中是十分常见的，这几乎是意料之中的事。但即使那些不在高层的人，也会发现自己被猝不及防地逐出公司，失去了工作，尽管他们此前尽职尽责。

雷伊进入大型计算机厂商优利系统公司（Unisys），负责领导力开发工作，他的工作做得非常成功。雷伊为大量高级管理人员开办的培训课程受到了高度评价，他也得到了CEO的认可。但是，当这位CEO退休后，雷伊就面临了被裁员的命运。裁员只针对雷伊一个人，因为他没有得到公司人力资源部的支持。实际上人力资源部对他怀恨在心，因为雷伊以一人之力获得了成功，并且他还可以与管理层保持接触，所以人力资源部一得到机会就尽快赶走了他。

这种内部斗争和职场政治也不仅仅局限于男人或以男性为主的组织。旧金山一个非营利性组织的领导者辞职时，部分高层管理者差不多也在同一时期离开，去寻求其他发展机会，这时一位女性高管迅速采取行动，控制了其他部门和职位，也除掉了她认为会阻挡她的权力之路的人。

如果组织并不关心你，而你可能在职场政治斗争中莫名其妙地失去工作，那你为什么要担心组织呢？要知道，互惠是双向的。本书不会细数到底哪些公司违背了哪些承诺，而是要阐述一个事实，即对员工缺乏关心的公司实在数不胜数。

> 定好的退休金计划被终止或变更了，退休风险被转嫁到雇员身上，退休福利也被削减；医疗保险或者被抛弃了，或者就是保险费和共同支付额大幅增加了；已经退休的人以为会得到健康保险，却发现公司通过破产的方式来摆脱这些义务，或者在没有合同保证的情况下，只需更改条款就行了。

裁员、工作外包、境外生产和“公司重组”（一种可怕的委婉说法）的案例在过去几十年中大大增加，有时并不是为了应对财务压力，而只是为了赚取更大的利润，或者对其他企业盲目跟风。

在过去几十年中，雇用关系发生了深刻变化，不仅在美国，在很多其他国家也是如此。组织及其领导者以多种方式表示，雇员需要为自己的职业生涯负责，而且在很多情况下，也需要为自己的医疗和退休保障计划负责。如果人们必须时刻在工作中处处提防，即使在美国这样一个信奉“自愿聘用”原则的国家里，人们也不知道自己将于何时或者为何失去工作，如果是这样的话，那么我认为，**人们应当利用可以支配的一切手段来保证自己在组织中能够生存下去。**这些手段中就包括熟练掌握权力和影响力的概念和技能。

美国西北大学商学院教授保罗·赫希（Paul Hirsch），曾在多年以前写过一本叫《准备好自己的降落伞》（*Pack Your Own Parachute*）的书。该书建议管理者不必太忠于公司，而是采用一种“自由职业经理人”的方式思考。要在这个新世界中生存，管理者必须保持自己的知名度以便于自我宣传，而最重要的一点则是必须随时保持自己“骑驴找马”的可移动性。雇用“自由职业经理人”这种观点，有时对工作中需要处处为自己考虑这一做法有些不切实际的乐观，而且这种观点也没有承认：一个人有可能因为任何原因甚至没有原因就随意被开除这种雇用状态，可能意味着他要承担经济和心理上的风险。

你需要关心的是你自己，使用一切手段来关心自己。

所以，你无须担心建立权力之路的过程会影响你的老板，因为他可能并不关心你。无论是你的同事还是“合伙人”（如果你恰好有一个合伙人的话），他们想到的都无疑是你对他们的用处，在你没有用的时候，如果他们能够设法让你消失，那么你就会消失。你需要关心的是自己，使用一切手段来关心自己。毕竟，这是公司和企业界权威人士多年来一直在告诫你的事。你应该认真对待这个忠告。

这是一个等级无处不在的社会

你可能身处一个优胜劣汰的环境中，而具有职场政治技巧的人可能就是“优胜者”，撇开这一事实不谈，即使你想避免职场政治，我也认为这是不可能做到的。曾有一些企业家告诉我，他们希望创建一个没有权力互动的企业组织，但有证据表明，这是不可能的。因此，权力和影响力是否对组织有益这个问题，可能并不重要，因为无论如何它们都会一直存在于社会交往中。

在直觉的层面上，我们理解职场政治的必然性。管理研究者杰弗瑞·冈兹（Jeffrey Gandz）和维克托·默里（Victor Murray）对428名在不同公司工作的管理人员进行了调查，询问他们对权力互动的看法。

> 结果显示，对“在大多数组织中普遍存在着职场政治”这个说法，大约93%的人表示了强烈或中等程度的赞成；89%的人对“成功的管理者必定是擅长职场政治的人”这一说法表示赞同，超过3/4的人同意“在组织中爬得越高，职场政治气氛越浓厚”的说法；而85%的人认为，有实权的管理者所采取的行动具有职场政治色彩。

权力活动和职场政治力量互动如此普遍的一个原因就是，等级结构在人类和动物社会中无处不在，甚至在一些鱼类群体中也存在。而只要等级存在，向上爬、避免处于底层就是很自然的事了。因此包括人在内的所有群居或成群迁移的动物中，就会出现对支配权的争夺。在人际交往中，甚至是在缺乏正式组织和职务的情况下，人与人之间资源禀赋方面的差异和分化也会出现。即使是在愉快的社交活动中，比如参与讨论一本书或一同去郊游，也会出现拥有较大影响力的非正式领导人。研究证据还显示，在较大的团体或组织中存在更大程度的分化，包括等级结构的分化。因此，在较大的群体，比如工作组织中，等级结构将会普遍存在。即使在不同的组织中，共享式领导（Shared Leadership）[①]的程度也各有差异，而且占据具体领导位置的人也会随着时间的推移有所变化，但在所有的组织中都会有等级结构，而等级的存在就意味着竞争，人们就会争相占据更高的职位。

在所有的社会群体中都存在这样的等级结构，这真是太糟糕了，正如社会心理学家德博拉·格林菲尔德（Deborah Gruenfeld）告诉我的，处理等级关系对很多人来说都十分困难。有些人憎恨别人处在更优越的位置上，因为他们有更多的权力和职权命令自己。出于这种情绪，他们或多或少地变得有些反抗权威，他们的行为表现出反依赖和反叛。另外一些人则对自己有权力领导或控制他人感到不自在，觉得自己不应该处在控制他人的位置上。这些人无法像人们期望的那样行使领导权，他们不能给下属指引方向，这也往往让下属们感到无所适从。

等级的存在就意味着竞争，人们就会争相占据更高的职位。

实证研究揭示了与等级结构有关的两个事实。**第一个事实是，地位可以从一个背景“输入”或“携带”到另一个背景中。**有一些个人特性能够在较大的社会背景中定义人们的地位，比如种族、性别、年龄状况、受教育背景等，这些特性可以输入到正式和非正式的组织背景中，形成地位的等级之分。即使是某些特定背景下衍生的地位，也往往能够在我们互动的环境中被泛化成通用的地位。乔恩·科赞（Jon Corzine）可以从投资银行高盛的领导者职位跳槽到美国参议院，再跳槽到新泽西州州长的位置上，

① 共享式领导是一种新的管理思想，该思想主张由领导者和其下属成员组成的管理团队来共同承担领导责任，领导者必须摆脱传统的独自负责和控制一切的观念，使下属成员更愿意承担责任并更具主动性。——译者注

因为他的个人财富和社会关系可以重新调配，也因为人们认为，如果你有足够的智慧在一个高度竞争的领域中获得成功，那你必定也能胜任其他领域的位置，甚至是不相关的领域。这种现象的一个启示是，与在某个地方掌握了权力相比，你具体是在哪个组织或领域中掌握了权力可能不是那么重要。从某个高级职位中获得的威望和权力，可以在一定程度上扩张到其他领域中，让你在那些领域里也拥有地位。

关于等级结构的第二个事实是，人们似乎喜欢它们。社会心理学家拉丽萨·蒂登斯和她的同事们进行了 6 项实验性研究，调查在支配权方面，人们在何种程度上感知他人与自己的不同。当人们预期他们的交往会涉及一项任务时，他们对支配权差异的感知较深。该事实说明，对支配权差异的感知源自对积极的任务关系的渴望。这也就意味着，当人们预期他们的交往涉及一项任务，特别是当任务的结果很重要时，他们会自愿形成等级上的差异。这种现象表明，在涉及任务的前提下，人们更喜欢或期望这样的地位差异。

与在某个地方掌握了权力相比，你具体是在哪个组织或领域中掌握了权力可能不是那么重要。

关于人们似乎更喜欢存在等级关系，纽约大学社会心理学家约翰·乔斯特（John Jost）的研究提供了更有力的证据。

> 乔斯特的研究显示，人们会甘愿贡献出自己的权力，以维持一个稳定的社会等级秩序。在一系列研究中，乔斯特发现，权力较小的群体往往会形成一种态度，认为和他人的优势地位相比，他们的劣势地位是合理的，这种态度促进了等级结构的持久性，而正是这种等级结构让他们处在了不利的地位上。因此，那些进入了二流大学的学生，不会拿自己的母校去跟一流大学相比，而是接受母校较低的地位及其带来的相关影响。

如果组织中存在等级，而人们实际上又愿意让它们存在，那么它们就会无处不在。当等级结构存在时，至少会有一部分人希望自己不要处于低层，而是位于较高的阶层，以便享受其带来的好处。所以对地位和权力的争夺在组织中十分常见，而且不可能消除，因为它的基础根植于人们所期望的社会等级秩序中。

成为权力较量中最大的赢家

很多人都认为自己没有足够的权力，他们也都希望能够更加有效地发挥影响力。我们可以看看项目或产品经理的例子。在很多情况下，项目经理要完成任务就需要别人的合作，但他们又没有针对那些人的正式授权和奖惩机制。当一位产品经理要导入某个新产品时，他可能需要工程部或研发部来设计这个新产品，然后需要制造部门来生产它，还需要销售部门来进行分销。但是在很多消费品公司，产品经理并没有针对这些重要职能的任何直接权力。同样，要引入企业资源计划这样的信息技术系统，负责领导整个项目的往往是 IT 部门的项目经理，他也需要其他部门的协助，比如财务部门以及既要提供数据也要使用这个系统的经营部门，但是 IT 部门的项目经理对经营部门和财务部门没有直线职权。简单地说，责任和权力并不总是一致的。随着组织变得更加矩阵化，重叠和间接的领导都会出现，组织需要安排更多的任务小组和团队来解决需要各种专才通力合作才能解决的问题，而且组织在工作速度上的要求越来越高，因此执行力的价值就变得更加卓著了。

要在缺乏直接权力的情况下完成任务，就需要有影响力，也需要掌握关于组织中的力量互动知识，即职场政治技巧，而不只是技术和知识。在

第 3 章我们介绍过 SAP 公司的高管齐亚·尤索夫，他非常擅长跨越组织界限开展工作。作为内部战略咨询团队的领导者以及 SAP 生态系统部门的负责人，跨越组织界限的工作是他的职责。尤索夫没有技术背景，在跨部门工作的最初阶段，他才刚到公司不久，尤索夫在讲述他如何在这样的情况下开展工作时强调了两点：

- 第一，开展优质的工作，这需要雇用优秀的人才并有效地领导他们。
- 第二，了解组织中的力量互动，了解不同的人如何看待同一件事，他们的利益是什么，如何做到有说服力，以及如何与人相处，并建立有效的个人关系等。

权力越大影响力越大

组织中的职场政治力量互动对组织是否有好处，考虑这个问题的第四种方式就是，将它与最常见的、看似是首选的另一种方式做对比。这里说的另一种方式是，可以带来控制性、纪律性和秩序性的基于等级制度的决策方法。**人们似乎更喜欢市场化和民主化的社会机制，但是在组织内部，人们则倾向于独裁化的管理**。很多作品都描写了暴君式 CEO，他们的工资和补贴在不断增加，拥有过大的权力，包括压制不同意见的权力。即使在高管层甚至是董事会中，不支持 CEO 的人也往往会被逐出公司。

为获取权力和影响力而进行的职场政治较量，以及为自己的想法而进行的游说，构成了公司中的权力互动，这些较量和游说可能是混乱和无序的。但是，在国家和组织之间可以进行一个类比。正如温斯顿·丘吉尔所说：“有人说民主的确是一种最糟糕的政治制度，但只有在排除了那些人们已经尝试过的其他政治制度之后才能这么说。”那些为了影响选民决策的竞选活动、全民享有的同等投票权利以及旨在影响政治决策的政治活动，这些都是民主制度的特点。人们公认，即使民主制度是有缺陷的，但它还是人们做出社会决策的一种伟大方式。然而人们看待企业内部民主的观点却与此不同。尽管很多研究显示，通过下放决策权，企业可以获得出色的业绩，但在过去50年中，几乎没有企业实行了权力下放。“以为可以将民主的政治制度运用在组织管理中，这种观念与主流管理思想格格不入。”尽管很多评论家谈到了专制的邪恶、中央计划的愚蠢，以及群众在预测未来时所表现出的智慧，但在企业中，由少数几个人掌握权力的集权方式却占了优势。

也许，像丘吉尔的名言所说的，民主不仅是一种好的政府形式，而且在公司和非营利性组织中也是一种很好的决策方式。这是由詹姆斯·索罗维基（James Surowiecki）在其《群体的智慧》（*The Wisdom of Crowds*）书中提出的观点。索罗维基列举的证据显示，**在做估计和预测方面，群体比专家表现得更好，而且群体通过简单的投票机制汇集的意见，可以有效地判断出应该支持哪些产品概念和哪种策略。**

在很多情况下，组织内部的人员有不同的目标，并且即使他们有相同的目标，对于如何实现这一目标，可能也有不同的看法。

在锡安山医院（Mt. Zion Hospital）和加州大学旧金山分校，不是每个人都以医治病人为最优先目标。在这样的学术医疗中心，有些人非常重视尖端医学研究，而一些管理人员则会担心预算和医院的信用评级。所以，尽管很多人都在原则上同意劳拉·埃瑟曼，即赞同以病人为中心的乳腺癌治疗策略，但他们在工作安排的优先次序和执行方法等问题上仍然存在巨大的分歧。

在企业内部，人们在一些问题上会有激烈的争议，比如：是降低成本还是为产品增值？是进入新市场，还是削减周边业务，专注于公司的优势领域？

关于做什么和怎么做，只有两种方法来解决不可避免的分歧：一种是强加等级权威，由老板做决定；而另一种方式更具政治性，即由各方利益体争夺权力，权力最大的人对最终决策的影响最大。这两种系统都不完美，但是当我们在各种组织中回避市场的力量，尤其是回避权力和影响力的市场时，请记得詹姆斯·索罗维基的研究结论和温斯顿·丘吉尔的至理名言。

职场政治对你和组织有好处吗？在这一章中，我们已经看到，这个问题存在多个不同的答案，一个答案是，如果你要在职场中生存下来并获得成功，你就必须照顾自己；没有其他人会照看你，你只能自己照顾自己。第二个答案是，这个问题本身就不太相关，因为有证据显示，等级结构是无处不在的，而且人们也愿意有等级存在，因此为了获得等级中稀缺的高位，必然就会出现竞争。此外，在越来越复杂的、相互依存的工作环境中，要完成任务，就必须掌握权力和影响力技能，而且这可能也是一种有效的决策方式，特别是相对更普通的等级方式而言。总之，你需要掌握必要的知识和技能，以便有效地运用权力。这样做可能只在某些情况下会为组织带来好处，但是对你来说这样做几乎在任何情况下都是有益无害的。

第 13 章

让权力成为生命中不可缺少的一部分

无论是在工作的地方还是在新环境中，你都有责任来改变自己的处境。是否为自己寻找或创造一个更好的环境，这个选择取决于你。是否为自己创建权力之路，也取决于你。正如海湾地区一名前电台主持人常说的：“如果你不喜欢这些新闻，那就走出去自己制作新闻。”

有些人以为自己不喜欢或者不可能喜欢玩权力游戏。但他们根本就没有尝试过，又如何知道自己会不喜欢呢？一位年轻女子决定在一个低风险、不重要的情形下使用本书中的理念，看看她是否能接管她所在的学生委员会。这所学校需要帮助那些被录取了的申请者决定是否留在这里学习，因此学校让她所在的学生委员会负责组织一次周末活动。她制定了衡量自己在这次活动中成功的标准：那就是她进行的交流在总交流中所占的比例，以及她影响最终决策的能力。结果，她发现自己很享受获取权力的过程，而且与她的预期相反，她的努力并没有招致委员会其他成员的不满，他们高兴地卸下了工作和责任。她的工作获得了大量认可和好评，而最重要的是，她发现她真的很喜欢这种权力游戏。

这就像尝试吃一些新奇的食物，你可能不知道你会喜欢哪一种，直到你真正地喜欢上某一种。你会在某种程度上变得精于此道，因为我们往往喜欢做我们擅长的事情。一旦你开始从事某些活动，包括获得权力的活动，它们就会成为你的身份的一部分，成为你的生存技能之一，所以在你开始行动之前不要轻言放弃。

使用这本书中介绍的方法增进自己在组织中的权力，并增加自己获得成功的机会并不是一件难事。那我是怎么知道这一点的呢？这是因为很多人都曾告诉我，这些方法对他们很有帮助。其中一位女士写道：

> 我只是想写几句话，跟你打个招呼……我一直都在使用“权力之路”课程中的讲义！我学到的这些东西，让我在知名度和自我定位方面变得更有策略性，考虑事情也更加周到了，特别是，我工作的地方正是一家有着官僚作风的大型企业。举个例子来说，我的上司最近换了岗位，因此出现了一个管理真空，我没有了直接上司。所以我就采取行动，相当于直接接管了那个岗位，然后我以此为基础，以求得与更高层的管理者频繁碰面。

很重要的一点就是，这种情况非常“普遍”，我们可以这么说，权力游戏没有太多戏剧性。这位年轻女子描述的情形是：抓住一个可用的机会，填补领导力真空，利用形势建立更高的知名度，并建立更多与高层的联系。权力建设不需要特别的行动或惊人的智慧，相反，正如喜剧表演者、演员以及电影导演伍迪·艾伦（Woody Allen）所指出的：“80% 的成功都是自我表现。”

很多自传、领导力课程和案例中都描绘了英雄式的，甚至是超人式的领导者，这些故事通常都不完整，也不十分准确，但问题不止于此。管理书籍作家大卫·布拉德福德（David Bradford）曾说，我们处在一个“后英雄”时代，而这也不是问题。布拉德福德认为，如果进行更多的合作、授权和团队合作，组织和员工就会取得更好的成果。

很多有关领导力的作品都充斥着荒诞不经的故事和过多的期望，它们带来的最大问题是，人们通常会怀疑：“我能做到这一切吗？我有丝毫可能做得到这些事吗？”而我讲述的方法都是你可以做到的，几乎任何组织中的任何人都可以从中受益。

通往权力之路

根据你的天资和兴趣，找到适合你的地方，这一点非常重要。某些工作比另一些需要更多的职场政治技巧，比如项目或产品经理的工作。要成功地完成任务，项目或产品经理常常需要一些人的合作，而他们又往往缺乏对这些人发号施令的正式权威。高级领导者的助理从事的工作也属于这种类型，他们有很高的知名度，而且必须完成一些任务，但是对于合作者或障碍制造者，他们往往没有直接奖励或惩罚的权力。虽然发展你的领导力技巧既是可能的也是可取的，但很少有人对改变自己的好恶感到自在。是的，你可以发展和改变，就像本章一开始的例子中一样，但是发展和改变都有一定的限度。我认为那位接管了学生委员会并认为自己喜欢权力的人，实际上本来就有权力方面的天资和兴趣，只是之前从来没有机会发现这一点而已。因此，**创建权力道路的第一步，就是挑选一个符合你的天资和兴趣的环境，一个你有可能获得技术和职场政治上成功的环境。**

这个建议看似显而易见，但人们往往没有这样做。寻找合适的环境需要几个步骤。

首先，你必须对自己的长处、弱点和偏好足够诚实。前面章节中讨论过自我增强动机，由于这个原因，没有多少人对自己足够客观。

其次，你不能陷入随大流的陷阱，不能因为大家都在做什么，你就做什么。正如数十年来的社会心理学研究所显示的那样，从众心理非常强。信息性社会影响（Informational Social Influence）的压力也相当大，因为你会认为，如果每个人都在做什么事，一定是因为那是一件正确的或聪明的事，如果你做别的事情，就相当于背离了他们的集体智慧。所以，如果每个人都进入金融行业，你也进入金融行业；如果每个人都想出国，你也会尝试找到一个海外的职位；如果大家觉得高科技行业很棒，你就去那里。但在你寻找最适合你的环境时，这种从众行为可能是一种障碍。

再次，要为自己选择合适的地方，你必须做到客观，不仅是对自己，也要对这份工作及其风险和机遇有客观的认识。我们看到的往往是我们所希望看到的东西，如果一份工作因为收入可观和头衔迷人而具有吸引力，我们就会欺骗我们自己，或者是故意忽略了这样一个事实：它可能需要更多的影响力技能，或其艰难程度超过我们能够适应的范围。哈佛商学院教授约翰·科特（John Kotter）告诉我说，他认为对很多人来说，成功的最大障碍，不是缺乏才华或积极性，而是身陷错误的地方，他们的工作所需的权力和影响力不符合他们的天资和兴趣。虽然我对这一说法的正式研究内容不太了解，但根据我自己的经验，以及很多其他人在职业生涯中的经验来看，这种说法是正确的。

因为我们看到的往往是我们所希望看到的东西，我们可能无法准确地评估工作中的职场政治风险及其后果。

几年前，一位毕业于商学院的女士告诉我，她将要接受东部一所大型私立大学的职位，为即将上任的大学校长担任助理。在过去的将近 20 年中，这所大学都是由一名强硬的、知名度颇高的、有争议的校长领导，董事会认为是做出改变的时候了。即将卸任的校长将继续留在董事会中，因为新校长要到秋季开学时才能到任，所以即将离任的校长还掌握着正式的权力。我问她，这份工作的职场

政治风险相当高，接受它是一个好主意吗？如果新校长被他的前任暗中算计怎么办？但情况比我预期的更加糟糕，新校长甚至没能来上任。即将离任的校长利用与董事会和高级行政人员的关系，在继任者上任之前就算计了他。对于新校长，这不是一个大问题，他得到了一笔赔偿金，而且他很有声望，能够迅速找到另一个位置。但对于他未来的助手来说，一切就没有那么乐观了，她没有补偿金，必须付出更多的努力来寻找新工作。

记住这个教训

如果你想创建一条权力之路，那么对于职场政治风险，你必须持有现实主义的态度，不仅是对你自己如此，对那些和你有直接关系的人也应如此。

不要轻易放弃自己的权力

你需要一份适合你的、没有太大职场政治风险的工作，但你也需要在这份工作中做正确的事。最重要的是，你需要掌握权力，而不是做那些让你失去权力的事。令我感到惊讶的是，**有些人会或多或少地自愿放弃他们的权力，在争取地位和影响力的竞争中提前投降，这一过程往往开始于你对自己的感觉**。如果你觉得自己很强大，你就会在举止中散发出权力感，而其他人也会做出相应的反应；同样，如果你觉得自己软弱无力，这也会在你的举止中体现出来，并引起别人的相应反应。

社会心理学家卡梅隆·安德森（Cameron Anderson）和珍妮弗·伯达尔（Jennifer Berdahl）收集的资料显示，权力较小的人和觉得自己不强大的人，表现出了“抑制性非语言行为”（Inhibitive Nonverbal Behaviors），比如缩成一团、含胸驼背和体态上的其他退缩行为，这些人较少使用手势，而且手势也比较缺乏力度和夸张感。我在第 7 章中提到过，获得权力的方法之一，就是通过你的举止和谈吐让别人感到你有权力。因此，**萎靡不振的举止和行为，会导致别人认为你的权力比实际的更小**，这就深化了一个恶性循环：人们对待你的方式就好像你权力很小，而这又可能进一步让你表现得软弱无力。

> 安德森和伯达尔的实验表明，个性中支配程度较高的人或者能够控制资源的人，更容易表达自己的真实态度，并且更容易感知到情境中存在对自己有利的方面。个性中支配程度较低，对资源控制也较少的人，则更多地把情境视为威胁而非机遇，并且常常隐瞒自己的真实态度。

人们也以其他方式放弃自己的权力。**他们没有策略性地对待那些拥有控制权的人，比如他们的老板，而是让自己的真实情感表露出来。**一位工作能力很强的新闻记者告诉我，他对与员工关系疏远的老板们表示了不满，因为老板们主要是在关照他们自己，对于他和他的同事们在采集新闻的外勤工作中想要的支持，他们却没有提供。但这种行为只能导致老板们产生对他的负面看法，以及对他本已较小的权力的负面看法。他自己总结得很好："要么你应付好你的老板，要么你离开公司。在这样一个行业中，圈子很小，业内人士关系紧密，离开公司有时也并非上策。你只能玩好你手中的牌，没有其他办法。"发泄一下怒火，表达你真正的内心感受，这可能让你感觉良好，但如果你发泄的对象是那些有权力的人，你的良好感觉会转瞬即逝，当你的行为所造成的后果出现时，这种感觉也就结束了。

放弃权力的另一种方式，即**人们认为局面在自己的控制范围之外，这样他们就可以扮演"受害者"的角色了。**你将自己看作受害者，同情自己遇到了困难，并为自己的无所作为找到了借口，这样做可能有助于你跟其他受害者产生紧密关系，但却不会让你获得更大的权力，也不会让你得到公司的认同。梅琳达曾讲述过对两个求职者进行的一次工作面试，她提出的问题之一是："你和某些同事合作，比和另外一些同事合作得更好吗？不同之处是什么？"有个人回答说，他和那些易于相处的人合作得更好，跟那些喜怒无常的、难以相处的人合作则困难一些。正如梅琳达所解释的：

> 通过界定外部的、无法改变的困难，这位求职者放弃了他的权力。如果我们告诉自己，问题是由别人造成的，就把时间花在了"不能成功"上。而当我们专注于能做些什么，我们就把时间花在了"获得成功"上。

拥有这样的洞察力，难怪梅琳达自己的职业生涯非常成功。这一智慧不仅适用于求职申请，而且也适用于职场中的所有其他情形。

还有一种放弃权力的方式，就是不进行尝试。如果你不尝试，你就不会失败，这样你的自尊可以得到保护。但是如果不尝试，也就肯定无法争取到权力和地位。有时候人们不想"玩游戏"，或认为自己不擅长"玩游戏"，或者不去使用那些富有职场政治技巧的成功者策略。我深信，我们都希望获得某种程度的成功，而在追求这种成功的时候，我们常常是自己最大的障碍，而这仅仅是因为我们没有付出足够的努力来让自己更强大。当我们不再把自己看作是无能的受害者，不再回避做那些可以带来影响力的事情时，我们成功的机会就大大增加了。正如埃莉诺·罗斯福（Eleanor Roosevelt）所说："如果没有你的同意，就没人可以让你觉得不如别人。"如果你自己不放弃，别人要削弱你的权力会困难得多。

如果没有你的同意，就没人可以让你觉得不如别人。

照顾好自己，不要期待公正

鲍勃是一家人力资本软件公司的CEO，几年前他邀请我去这家公司的董事会任职，当时公司正开始过渡到一个新的产品平台上，并努力提高增长速度和盈利能力。不久后我进入了董事会。在提升管理才能水平的过程中，CEO任命克里斯为新的首席财务官。克里斯是一个雄心勃勃、工作勤奋并且善于表达的人，他为公司和他自己定下了宏伟的计划。克里斯希望鲍勃让他成为首席运营官，鲍勃同意了；克里斯要求参加董事会，鲍勃也同意了。我可以想到接下来要发生什么，所以我打电话给鲍勃说："克里斯想要夺取你的位置。"鲍勃的答复是，他只关心怎样做才对公司最有利，他不会屈尊去玩职场政治游戏。鲍勃认为董事会看得到自己的能力和诚信，他们会做出正确的选择。

你可以猜得到这个故事的结果如何：鲍勃离开了，克里斯成了CEO。董事会讨论这一人事变动的电话会议很有趣。虽然很多人认为克里斯的行为不恰当，对公司有害处，但支持鲍勃的人却很少。如果鲍勃自己都不打算奋战一场，就更不会有人为他说话了。自己不努力的人，不会得到太多的同情或支持。

照顾好自己，有时可能意味着你的行事方式看似有些自私。有一名女士，当她参与一个重要的策略规划项目时，没能在影响力上占据优势：

执行董事要我找时间与她讨论策略规划项目的计划。我知道，如果我独自去参加这一次的首次会议，我就会是确定项目方向的主要人员，而且我会被视为关键人物，将会是项目领导者，而我的同事将协助我完成项目。我很纠结，想要独自去开会，不让我的同事参加，但我不能让自己这样做，尽管我脑海中的声音在说，这样做没有问题。这件事显示了我在获取权力之路上的最大缺陷。

听了这个故事，你会好奇是否她的同事也会有这样的美德。要记住，**在存在等级结构的地方，同事也是晋升的竞争对手。**

你不应该指望你的美德能让你获得成功，这不仅仅是因为世界并不总是公正的。人们会跟他们认为会获胜的人结盟。如果你不支持你自己，没有积极地为你自己的利益而努力，那么很少会有人愿意站在你这边。因为他们会认为，既然你都没有试图要取得胜利，当然你就会输掉，因此他们不会加入你这一方，或者干脆就离弃你，而这会让你失败的可能性更大。所以，尽管自我宣传和为自己的利益努力争取看似好像很无趣，但其他的选择更加糟糕。

小任务也有大功效

在本书中我们已经看到，小事情往往十分重要。正如有些公司有时过分强调重大策略，而忽略了平凡的执行细节，人们也常常会忽视了他们可以采取的小步骤，而这些小步骤可以为他们提供重要的资源、可见度和建立重要关系的机会。注意到这些小事情的人在获取权力的过程中将会占据优势。

马特进入了一家大型咨询公司工作，同期进入这家公司的有很多人。如何才能脱颖而出，树立起自己的名声呢？新职员进入公司时，往往会先待在新人培训班里，但合伙人需要认识这些新职员，这样才可以把他们分配到各个项目中去；另一方面，新职员也需要了解合伙人和办公室同事。在过去，大家往往通过一些非正式的方法来进行了解，比如通过聚餐和研讨会。于是马特前去询问经营合伙人，自己是否可以把这一过程正式化，以确保每个人都认识其他人，从而可以更方便地把新职员分配到项目中，也让新职员更容易地融入群体。经营合伙人表示当然可以。这项任务不仅需要马特去见办公室的所有合伙人，以便获得他们的简历和咨询领域资料，而且也需要马特去见所有的新职员，以了解他们的技能以及对哪些领域有兴趣。当他完成了这项任务后，马特已经对很多人有了深入的了解，并且与办公室里的所有人建立了更紧密的关系。

这种任务能让马特有朝一日成为合伙人吗？只靠这些可能不行。但是，如果再加上勤奋有效的工作，这些小任务就可以给马特带来声望和可见度，并为他提供一些优势。马特可以进一步巩固和维护人际关系，以便给自己带来更大的影响力。

一切会比你想象的容易

权力和职场政治行为在组织中普遍存在，而不只是在某些行业，或只是在私营部门，或只是在美国才存在，希望在这一点上我已经说服了你。职场政治无处不在！你可能希望情况并非如此，但事实上情况就是这样。而且由于人类的基本心理倾向，权力和职场政治行为在职场生活中消失的可能性极小。

如果你学到了本书中的原则和规则，并且愿意落实到日常职场生活中，那么你不仅可以在职场中生存，甚至可以获得成功。这本书的主题，就是让你接触那些理念、调查研究和无数的例子，从而让你可以建立自己的权力之路。

不要抱怨生活是多么不公平，或者你的企业文化有多么不健康，或者你的老板是个混蛋等。无论是在你现在工作的地方还是在新的地方，你都有责任和潜力来改变自己的处境。不要等待情况会自己变好，也不要等待换上其他人掌权，然后期望他们以仁慈的方式运用权力并改善状况。是否为自己寻找或创造一个更好的环境，这个选择取决于你；是否为自己创建权力之路，这也取决于你；正如曾是海湾地区一名电台主持人的斯库普·尼克斯特（Scoop Nisker）常说的：**“如果你不喜欢这些新闻，那就走出去自己制作一些新闻。”**

追求权力是否值得付出这么多努力？如果你对此还不清楚，请记住我在序言中提及的内容：在工作中掌握的权力与疾病和死亡之间的关系。迈克尔·马莫特对18 000名英国公务员进行的调查发现，虽然这些人都在办公室工作，都处在同一个社会团体中，但处于等级结构底层的人，其死亡风险是那些处于顶层的人的4倍。将吸烟、肥胖和遗传等因素排除后，个人健康状况在不同社会等级中的分布仍然存在差别。就像马莫特得出的结论一样：“可以用一个人在成年时期所处的社会环境来预测他的健康状况。”

因此，请你将权力视为生命中不可或缺的一部分，因为它的确有着如此重要的地位！

对译者来说，翻译的过程往往也是一个阅读和学习的过程。在这个过程中受到启迪、有所感悟，也是翻译带来的巨大乐趣之一。本书可以说是一本开卷有益的书，我毫不怀疑读者可以从中获得有价值的见解，并且学习到一些实用的方法。

本书从我翻译完成到出版，中间历经了一年多的时间。现在回忆起翻译的过程，仍然有很多感触。我们很多人都见过这样的情况：一些人在职业生涯中遭受了挫折，而另外一些人却在可能会失败的情况下获得了成功。很多希望获得成功的人都曾试图了解成功的秘密，但他们使用的资料，却大多是成功者自己的口述或笔录。

本书的作者是组织权力领域的专家，有数十年公司咨询和 MBA 教学经验。作者在书中指出，你无法从那些拥有权力的人身上学到如何获得权力，因为他们的建议往往经过了美化，并且通常侧重于“什么东西应该有用”，而不是“什么东西确实有用”。而本书揭示了通向权力和事业成功的真正路径，它建立在人际交往的现实基础之上，破除了偶像和传统的神话，是一本必不可少的职场生存手册。

能够完成本书的翻译，我要感谢腾讯公司科技频道的王鑫提供的宝贵支持，感谢王文、朱倩兰、向兆琴、周薇和杨文智给我的鼓励和建议，还要特别感谢在本书翻译过程中做了大量工作的孟巧乐，没有她的努力，本书的翻译难以完成。

由于个人能力有限，译文中难免有不当之处，在此先行致歉。

未来，属于终身学习者

我们正在亲历前所未有的变革——互联网改变了信息传递的方式，指数级技术快速发展并颠覆商业世界，人工智能正在侵占越来越多的人类领地。

面对这些变化，我们需要问自己：未来需要什么样的人才？

答案是，成为终身学习者。终身学习意味着具备全面的知识结构、强大的逻辑思考能力和敏锐的感知力。这是一套能够在不断变化中随时重建、更新认知体系的能力。阅读，无疑是帮助我们整合这些能力的最佳途径。

在充满不确定性的时代，答案并不总是简单地出现在书本之中。“读万卷书”不仅要亲自阅读、广泛阅读，也需要我们深入探索好书的内部世界，让知识不再局限于书本之中。

湛庐阅读 App：与最聪明的人共同进化

我们现在推出全新的湛庐阅读 App，它将成为您在书本之外，践行终身学习的场所。

- 不用考虑“读什么”。这里汇集了湛庐所有纸质书、电子书、有声书和各种阅读服务。
- 可以学习“怎么读”。我们提供包括课程、精读班和讲书在内的全方位阅读解决方案。
- 谁来领读？您能最先了解到作者、译者、专家等大咖的前沿洞见，他们是高质量思想的源泉。
- 与谁共读？您将加入到优秀的读者和终身学习者的行列，他们对阅读和学习具有持久的热情和源源不断的动力。

在湛庐阅读 App 首页，编辑为您精选了经典书目和优质音视频内容，每天早、中、晚更新，满足您不间断的阅读需求。

【特别专题】【主题书单】【人物特写】等原创专栏，提供专业、深度的解读和选书参考，回应社会议题，是您了解湛庐近千位重要作者思想的独家渠道。

在每本图书的详情页，您将通过深度导读栏目【专家视点】【深度访谈】和【书评】读懂、读透一本好书。

通过这个不设限的学习平台，您在任何时间、任何地点都能获得有价值的思想，并通过阅读实现终身学习。我们邀您共建一个与最聪明的人共同进化的社区，使其成为先进思想交汇的聚集地，这正是我们的使命和价值所在。

北京市版权局著作权合同登记号　图字：01-2023-1874

图书在版编目（CIP）数据

权力：为什么只为某些人所拥有 /（美）杰弗瑞·菲佛（Jeffrey Pfeffer）著；杨洋译. -- 北京：中国财政经济出版社，2023.6（2023.10重印）

书名原文：Power：Why Some People Have it and Others Don't

ISBN 978-7-5223-2270-4

Ⅰ. ①权… Ⅱ. ①杰… ②杨… Ⅲ. ①权力－通俗读物 Ⅳ. ①D033-49

中国国家版本馆 CIP 数据核字（2023）第 109680 号

责任编辑：李昊民　　　　责任校对：胡永立
封面设计：ablackcover.com　　　　责任印制：张　健

权力：为什么只为某些人所拥有
QUANLI: WEISHENME ZHIWEI MOUXIEREN SUO YONGYOU

中国财政经济出版社 出版
URL：http://www.cfeph.cn
E-mail:cfeph@cfemg.cn

社址：北京市海淀区阜成路甲 28 号　　邮政编码：100142
营销中心电话：010-88191522
天猫网店：中国财政经济出版社旗舰店
网址：https：//zgczjjcbs.tmall.com
天津中印联印务有限公司　　各地新华书店经销
成品尺寸：170mm×230mm　16 开　17 印张　200 千字
2023 年 6 月第 1 版　　2023 年 10 月天津第 2 次印刷
定价：99.90 元
ISBN 978-7-5223-2270-4
（图书出现印装问题，本社负责调换，电话：010-88190548）
本社图书质量投诉电话：010-88190744
打击盗版举报热线：010-88191661　　QQ：2242791300